企业生命力视角下我国民营企业成长研究

The Research of Chinese Private Enterprises' Growth under the Perspective of Business Vitality

龚德华 著

中国地质大学出版社
CHINA UNIVERSITY OF GEOSCIENCES PRESS

图书在版编目(CIP)数据

企业生命力视角下我国民营企业成长研究/龚德华著．—武汉：中国地质大学出版社，2015.5

ISBN 978-7-5625-3640-6

Ⅰ.①企…

Ⅱ.①龚…

Ⅲ.①民营企业-企业成长-研究-中国

Ⅳ.①F279.245

中国版本图书馆CIP数据核字(2015)第095373号

企业生命力视角下我国民营企业成长研究	龚德华　**著**
责任编辑：王凤林	责任校对：周　旭
出版发行：中国地质大学出版社（武汉市洪山区鲁磨路388号）	邮政编码：430074
电　　话：(027)67883511　　传　真：67883580	E-mail：cbb @ cug.edu.cn
经　　销：全国新华书店	http://www.cugp.cug.edu.cn
开本：787毫米×1 092毫米　1/16	字数：192千字　印张：7.5
版次：2015年5月第1版	印次：2015年5月第1次印刷
印刷：武汉市籍缘印刷厂	印数：1—2 000册
ISBN 978-7-5625-3640-6	定价：32.00元

如有印装质量问题请与印刷厂联系调换

摘 要

经过 30 多年的发展，我国民营企业已经成为我国国民经济的重要组成部分。可是我国民营企业“短寿”和“猝死”现象仍然非常普遍，但学者们对“短寿”和“猝死”的原因没有形成统一的认识，对制约民营企业生存和发展的因素分析要么还停留在定性分析层面，要么只片面地关注某一时刻的分析。

本书在参考大量文献后，建立了企业组织的分层结构球体模型和企业与环境关系的企业领导人一斜坡一球体模型，继而提出了企业生命力视角下的企业成长模型，并建立企业发展状态量与企业实际生命力指数的函数关系。

本书还通过对企业不同发展时期影响因素的分析，将影响企业生命力的因素分为三大类 26 小类，并通过层次分析法建立了不同时期企业名义生命力的评价公式。通过行业、状态量系数和幂律系数建立了企业名义生命力指数与实际生命力指数的关系。基于本书建立的模型和计算的结果，本书还分析了民营企业“短寿”和“猝死”的原因，提出了提高我国民营企业生命力、延长企业寿命的对策。

本书分为 8 章。第一章是绪论，介绍题目的来源、研究的目的、方法、本书的创新点、技术路线等内容；第二章是相关理论与文献综述，介绍了企业成长理论、自组织理论、系统论，企业生存和发展的影响因素和企业生命力的研究文献；第三章是企业组织的结构模型，建立了企业与环境关系的企业领导人-斜坡-球体模型和企业组织的分层结构球体模型；第四章是企业生命力视角下的企业成长模型，介绍了企业成长的概念，分析了企业成长的序参量，建立了企业发展状态量与企业生命力的关系模型；第五章是民营企业成长评价，介绍了评价的原则、方法，建立了不同时期民营企业生命力的评价模型，分析了评价的结果；第六章是实证分析与应用，利用湖北上市公司数据验证了企业生命力视角下的企业成长模型，利用 3 家样本企业的数据验证了企业成长评价模型，应用本书的结果对文教股份公司进行管理评价和分析民营企业“短寿”和“猝死”的主要原因；第七章是提高民营企业生命力的对策和建议；第八章是本书的研究结论与后续展望。

Abstract

After thirty years development, Chinese private enterprises have become an important part of our national economy. But short - lived and sudden death phenomenon are still very common in private enterprises, the scholars haven't formed a unified understanding of the cause of short - lived and sudden death. As the factor analyzed that the constraints of private enterprise survival and development is either still in the qualitative level or only one - sided focus on a moment in time.

After the reference to a large number of documents, this paper established a hierarchical organizational structure sphere model and enterprise systems business leaders - slope - sphere model, and then proposed the development of theory—based enterprise vitality of the enterprise, and established the business development state amount and corporate real vitality function index.

This article also analyzed the influence factors in different periods of business development, and classified these factors into 3 big categories and 26 small categories, and through the analytic hierarchy process has established an enterprise name vitality evaluating formula in different periods. And by industry, state the amount of coefficients and coefficients established the relationship with enterprise name vitality index and real vitality index.

Based on the established model and the results of calculation, this paper also analyzed the causes of short - lived and the sudden death of private enterprises, proposed the countermeasures to improve the vitality of our country, to extend the life of the enterprise, to avoid sudden death.

Based on the conclusions, business leaders and organizations can prepare and make up its laciness according to the requirement of business leaders and enterprises organizations on different stages. Enterprises can solve the problem from the input by learning the change of the vitality of enterprise, and do rational analysis of development issues.

This book is divided into eight chapters, the first chapter is an introduction, which introduced the topic of origin, purpose of the study, methods, innovation of this paper, the technical route and so on. The second chapter is the related theory and literature reviews, described the enterprise growth theory, self - organization theory, system theory, and the factors that influence enterprise survival and development and the research paper on business vitality. The third chapter is the structure model of enterprises organization. Established the relations between enterprises and environment's business leader - slope - sphere model and the sphere model of hierarchical structure organization model of enterprises organization.

The fourth chapter is the business growth model, introduced the concept of business growth, analyzed the order parameter of business growth, established the relation model of business development amount of state and corporate vitality, and used the data of 88 listed companies in Hubei have had empirical test. The fifth chapter is the vitality assessment of private enterprise, which has introduced the evaluation principles, methods, established the evaluation model of private enterprise's vitality in different periods. The sixth chapter is the result of analysis and application, described the main conclusions and apply the conclusions of this paper analyzed the reason of short - lived and sudden death of private enterprises. The seventh chapter is the recommendations and strategies of how to improve the vitality of private enterprises. The last chapter is the conclusions and subsequent prospect of this article.

目　录

1 绪 论

1.1 课题来源

本课题来源于作者硕士研究内容“中小民营企业‘短寿’原因分析”的后续定量研究。因为企业成长全过程中生命力影响因素的千差万别，对企业成长过程研究的文章也是名目繁多，企业对经营不善的归因五花八门，这样企业也很难有的放矢地解决企业生存和发展中遇到的问题。本课题定位于企业生命力视角下的企业成长研究，力求找到不同时期制约民营企业成长的主要因素，并提出企业生命力评价的基本方法和策略，帮助企业做好管理诊断，对企业发展中的问题做合理的归因。

1.2 研究背景

1.2.1 中国民营企业的蓬勃发展

民营企业是指中国改革开放以后形成的、具有中国特色的一类经济形式，包括集体所有制企业、股份有限公司、有限责任公司、个体户等(龚德华，2006)。

民营企业对国家经济的贡献是显著的，据全国工商联公布的数据显示(新华网北京2014年2月28日电)，2013年中国民营经济贡献的GDP总量超过60%。全国至少有19个省级行政区的贡献超过50%，其中广东省超过了80%。

民营企业数量呈增长态势。据工信部中小企业司介绍(中国之声《央广新闻》2014年5月28日)，目前国家工商总局的数据显示，截至2013年底，全国工商登记注册企业1527.8万户，比上年同期增长了11.8%，个体工商户达到4564.1万户，增长了2.43%。整体来说，中小企业的数量还是在不断增长，也成为了我国企业中数量最大、最具活力的企业群体。

1.2.2 中国民营企业的“短寿”现象

统计研究表明，美国中小企业的平均寿命不到7年，大企业的寿命不到40年(殷建平，1999)；欧洲和日本企业的平均寿命为12.5年，跨国公司的平均寿命40～50年(德赫斯，1998)。与国外企业相比，我国民营企业存续时间也存在差距。多数研究认为，我国民营企业寿命平均为6～7年，也有认为是5.9年、8年的，总之大约是在6～8年的区间，中小民营企业

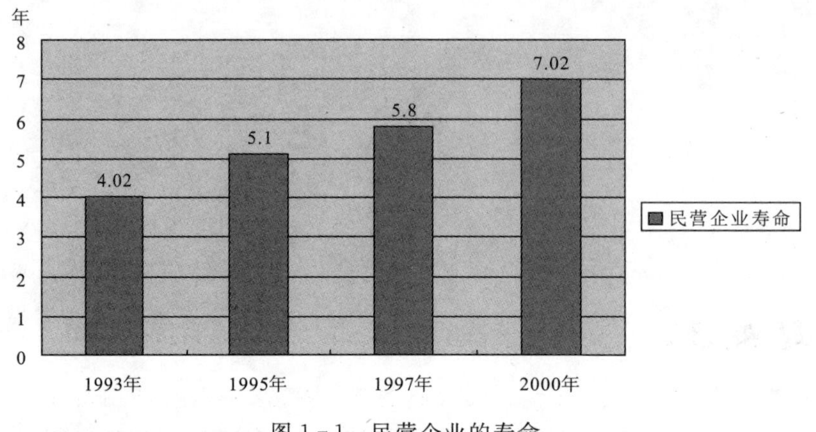

图 1-1 民营企业的寿命

的平均寿命更短，只有 2.9 年，可见中国企业寿命是比较短的。

1.2.3 民营企业“短寿”的原因没有形成一致的结论

民营企业已经成为我国国民经济的主力军，如果“短寿”问题不能得到有效遏制，企业寿命不能得到延长，无疑会造成大量社会资源的浪费，甚至会影响到国家的经济政策和长治久安。

中国民营企业“短寿”已引起企业界和理论界的广泛关注，民营企业“短寿”的原因分析也层出不穷。比如，胡世昭(2009)认为中小企业“短寿”的原因从大的方面看是企业外部环境的制约、开创准备时期存在隐患、企业经营管理出现问题；惠金礼(2005)认为民营中小企业“短寿”的原因从大的方面可以分为外部环境条件和内部自身素质两个方面，外部环境主要是国家宏观经济发展状况、国家和地方政府的经济政策及金融环境等，内部自身素质可以分为思想文化观念落后、对企业发展战略缺乏研究与规划、用人措施不当、融资不利和投资失误 5 个方面；李瑞雪和唐海滨(2008)认为中小企业“短寿”的原因从大的方面分为经营战略方面、经营者方面、决策过程方面、企业道德方面及企业外部方面五大原因。

综上所述，学者们对我国民营企业“短寿”原因的分析，存在以下问题：第一，分析方法局限在文献分析和推理方面，量化分析基本没有；第二，分析的结论也无外乎外部环境和内部条件，结论没有层次性，没有主次；第三，分析的时间比较笼统，没有具体到什么阶段主要是什么原因导致企业的“短寿”；第四，对策没有针对性。

为什么有的企业能基业长青，而另外大多数企业却只能昙花一现呢？这其中的原因何在？这种看似混乱现象的背后是否存在一定的规律？

企业的生命力同企业的发展有着密切的关系，企业仿生学把企业看作是一个生命有机体，但是目前国内对企业生命力评价方面的研究较少。本书试图把企业生命力看成是一组力的集合，通过对这几个力的分析得出企业生命力的大小，在更大范围和更深层次上分析研究企业的可持续发展的问题。

1.3 研究的目的

企业如何长期生存和发展，如何基业长青，这是企业管理理论界研究所关注的现实问题。在现实中我们不难看到有的企业充满活力，生命力旺盛；有的企业毫无生气，濒临倒闭。通过对国内外众多企业的发展历程的研究，有资料表明，如同自然界生物的生老病死，企业也有它的生命周期，从诞生、成长、成熟、衰退到死亡，这是绝大多数企业不能回避的规律。但同时有的企业可以长命百岁、基业长青，如北京同仁堂，云南白药，美国的杜邦公司、可口可乐，宝洁公司，日本的三菱、三井、住友等，而很多的企业却只能昙花一现。

日本学者后藤俊夫(2007)对日本的长寿企业进行调查，发现“存活期超过 200 年以上的企业有 3146 家”，另外，“创业超过 100 年以上的日本老字号企业更是多如繁星，已发现 19 000 多家”，这说明日本的长寿企业非常多，是全球长寿企业最多的国家。是什么原因导致企业这些现象的发生？大量的资料、数据和实例充分说明，导致以上现象的原因与企业生命力相关，即企业生命力的强弱程度决定了企业寿命的长短。深入探讨企业生命力这一命题，需要研究一系列相关问题，而首先要弄清楚什么是企业生命力，揭示出企业生命力的含义。因此，本书围绕企业生命力进行分析。

通过对企业理论的研究，我们可以看到，以亚当·斯密(1776)为代表的古典企业理论，强调的是分工的重要性；而新古典企业理论，更多关注的是企业在既定市场和技术条件下的最优化行为；以 Coase(1937)为代表的新制度经济学派的企业契约理论，也是现代主流企业理论，主要是从企业与市场的关系出发，研究企业的性质和边界问题；20 世纪七八十年代以来，现代企业理论涌现出许多不同的学派，从各自不同的角度，基于不同的理论基础和假设前提讨论和研究企业问题，也有的学者从企业内部出发，讨论在不确定条件下企业的竞争行为和竞争优势等。

国内外理论界更多关注的是从以上不同的角度研究企业在市场上如何生存、如何发展的问题，也有从不同的“力”的角度研究企业基业长青的，如创新力、控制力、竞争力等对企业生命力的影响，但很少有人直接对企业生命力的影响因素进行研究。因此，对影响企业生存的因素分析、企业生命力进行评估研究，就具有了相应的理论意义。

1.4 研究的意义

研究企业生命力视角下企业成长的意义可从以下几个方面进行分析。

1.4.1 对企业来讲有两点现实意义

第一，有利于对企业进行管理诊断。企业与一切生命体一样在其生命存续期间也会因内部或外部原因而发生“不适”“患病”，甚至出现危机。此时，企业需要对引发企业陷入困境的因素进行自我诊断或聘请企业管理专家进行“病因”诊断。长期以来国内外学者未曾对企业生命力问题进行过系统、全面的研究，对企业引发的病因往往缺乏准确诊断，企业也就难以迅速摆脱危机，走上健康发展的道路。因此，开展对企业生命力的研究，尤其是对企业生命力构成因子的定量研究，通过准确了解企业“病因”，就可以对“症”下药。

第二，有利于延长企业个体生命。无论是国有企业还是民营企业，兴办者都不希望它建成投产后很快倒闭或“胎死腹中”，而总是希望它能够生长、壮大，成为长寿企业，能为投资者带来源源不断的收益。研究企业生命力，了解企业生命力构成因素，建立数学模型和可量化的评估指标体系，对一个具体企业进行生命力的定量评估，通过企业诊断分析以采取必要措施，对延长企业个体生命无疑是有益的。

1.4.2 对国家来讲，研究企业生命力视角下的企业成长有三点意义

一是有利于国民经济健康持续发展。企业是国民经济的细胞。细胞生命力旺盛，企业健康长寿，整个国民经济才能持续稳步发展。研究企业生命力既有利于企业个体的寿命，又有利于国民经济健康发展。

二是有利于社会资源的充分利用。一般地说，一个企业当其处于正常运行状态时，可以通过开发利用各种资源，为社会创造财富，实现企业自身利益目标。而当企业处于病态，甚至陷入绝境时往往也就失去了开发利用各种资源的能力，此时不仅不能为社会创造新的财富，而且会使其所占用的那部分资源也逐渐丧失其原先应有的价值。从这个意义上说，研究企业生命力，不仅有利于企业生命力的增强，而且有利于社会资源的开发利用。

三是有利于社会稳定。社会的存在和延续发展是基于社会财富的存在和不断丰富，而社会财富是依赖企业创造的，是企业通过全体员工的努力实现的。在这里，企业为实现自身利益目标需要一定数量的劳动力。同时，也因它能提供一定数量的就业岗位，使很多具有劳动能力的人有相对稳定的工作，有一定的经济收入，使他们不因自身和家庭的生存问题而做出有违国家法律的行为。因此，研究企业生命力既有利于企业又有利于社会的稳定。

1.4.3 研究企业生命力视角下企业成长的理论意义

企业成长理论思想渊源久远，从马歇尔(1920)对企业成长规律的阐述到 Coase(1939)的交易费用理论、彭罗斯(1959)的企业成长论和钱德勒(1962、1977、1994)的现代工商企业成长论，再到纳尔逊和温特(1982、1997)的经济变迁演化理论、爱迪斯(1979)的企业生命周期理论等。总结起来，根据对企业成长问题的不同研究角度，大致可将已有的学术成果分为两大类：企业外生成长理论和企业内生成长理论。

企业外生成长理论认为企业成长的决定性因素来源于企业外部，尤其强调市场结构特征对企业成长的决定作用。这种理论对现实的解释力很弱，不能解释现实中的诸多问题。

企业成长的内生性分析在企业内分工、企业内部的管理能力和管理资源、企业内部核心知识和核心能力，以及企业战略管理理论等方面进行了比较深入的研究，但在企业成长理论中对企业家的分析并不多，未把企业家这个特别重要的因素作为一个变量纳入到企业内生成长模型和理论中去，这与现实是很不匹配的。

本书尝试用三要素(企业内部管理、外部环境和企业领导人)分析企业的生命力，努力探究企业生命力与企业发展的关系，希望对企业成长理论研究作出贡献，对企业管理提供帮助。

1.5 需要解决的问题与创新点

1.5.1 拟研究解决的问题

本书的研究拟解决 3 个问题:第一,按企业生命周期的不同阶段,研究影响企业生存和发展的因素,分清这些因素的主次,方便企业合理归因;第二,根据不同阶段影响企业发展的主次因素构建企业生命力评价模型;第三,在企业发展过程中,能否发现某些因素的持续变化规律,从而指导企业的实践,比如随着企业的发展对企业领导人素质要求的不同,要求企业领导人顺应企业发展规律适时地作出调整。

1.5.2 主要创新点

本书的主要创新点有以下几点:

第一,将企业领导人的素质单独提出,与企业所处外部环境及企业内部组织一起构成影响企业成长的三要素模型。

第二,基于自组织理论建立了企业组织的分层结构球体模型和企业与环境关系的企业领导人-斜坡-球体模型,建立了企业生命力视角下的企业成长模型,并推导了企业发展状态量与企业实际生命力指数的函数表达式。

第三,应用层次分析法,确定了企业不同发展阶段影响企业成长因素的权重,继而建立了企业不同发展时期的企业名义生命力的评价模型。

第四,提出了企业实际生命力指数和名义生命力指数的概念,并利用行业状态量系数和幂律系数将二者结合起来,实现了企业生命力主观(名义生命力)和客观(实际生命力)的统一。

第五,首次将安全与环保纳入一般企业的管理评价体系,并将安全与环保功能提高到与企业文化同等地位,对未来企业管理有一定的前瞻性。

第六,打破了企业成长评价以结果为导向的传统模式,建立了以过程为导向的企业成长评价模式,便于企业对经营结果做合理的归因,从而找到解决问题的方法。

1.6 研究思路和研究方法

1.6.1 研究思路

本书在跟踪国内外最新研究成果和分析相关理论的基础上,总结了企业生存和发展的主要影响因素,构建了企业与环境关系的企业领导人-斜坡-球体模型和企业组织的分层结构球体模型,提出了基于企业生命力的企业成长模型。

在理论分析的基础上,结合专家的问卷调查获取企业生存和发展全部影响因素的比较数据,对数据分析构建企业生命力、企业领导人素质、企业外部环境、企业内部管理的比较矩阵,利用比较矩阵，借着 MATLAB 工具，编程序计算不同时期企业生命力指数的评价公式，最后以实证的方式对模型进行检验。

1.6.2 拟采取的研究方法

本书综合运用企业成长的基础理论，一方面注重理论研究，另一方面充分考虑企业管理活动实践。注重定量和定性相结合、理论与实践相结合、规范研究与实证研究相结合的方法，建立企业结构理论模型、企业成长模型，利用调研数据使用相关软件对理论模型进行实证分析。

文献分析方法：通过大量文献的阅读，找到传统研究中的重要结论和不足之处，在此基础上寻找解决问题的突破口。

统计学方法：通过查阅相关的统计数据，透过数据的形式发现客观规律。

系统科学方法：用系统思维的方式来思考问题，在更高的维度把握整体问题，并且建立符合系统科学规范的系统模型，进一步进行分析研究。

定性定量相结合的策略：结构的定性模型与评价的定量计算相结合的方法。

实证研究的方法：采用调查问卷的形式进行问题的分析。

2 相关理论及文献综述

本书涉及到的理论包括企业成长理论、企业系统管理理论及自组织理论，文献综述包括企业生存和发展影响因素的文献和企业生命力相关文献。

2.1 相关理论

2.1.1 企业成长理论

企业是现代社会最重要的微观经济组织，企业的成长是一个国家繁荣富强的最终依靠。但企业成长具有不确定性，这种不确定性主要来自企业生存和发展过程中的复杂性。正因为这种复杂性和不确定性，才有国内外广大学者从不同角度研究企业的生存和发展问题，形成了企业成长理论百花齐放的局面，这样也极大地丰富和发展了企业成长理论。关于企业成长理论，国内有很多种分类方法，有以理论发展的时间为序分类的，也有从管理学和经济学角度分类的，还有从企业发展的机理（内生、外生）角度分类的。本书将企业成长理论分为外生的、内生的和基于企业家能力的企业成长理论。

2.1.1.1 基于外生的企业成长理论

企业外生成长理论认为企业成长是外生性的，强调企业外部因素对企业成长的决定作用，尤其强调市场结构特征对企业成长的决定作用。代表性理论包括新古典经济学的企业成长理论、新制度经济学的企业成长理论和企业竞争优势理论等（杨林岩，2010；李军波，2011）。

(1)新古典经济学中外生的企业成长论。

新古典经济理论将企业看作一个“黑箱”，仅仅是一个生产函数，作为一般均衡理论的一个组件，企业内部的复杂安排均被抽象掉，“代表性企业”排除了实际企业之间的各种差别。新古典经济学对企业的研究主要是从技术角度出发，企业被看作是在技术和市场约束下不断追求利润最大化的组织。企业成长的根本原因和主要动力是对规模经济的追求，由于决定企业最优规模的企业供给与需求曲线均是外生的，所以新古典经济学认为通过企业最优规模的调整而实现的企业成长是由外生条件决定的。

新古典主义是微观经济学的核心，已有上百年历史，但如果将企业理论严格定义为一门解释企业为什么会出现、企业内部组织的经济学意义的学问，那么新古典主义的企业理论不是企业理论，而只是生产理论，真正的企业理论应该是由 Coase(1937)首创的（杨小凯，1994）。Makino(2004)综合分析了宏观政策对企业成长的影响。Nixon(2005)从市场供求对企业规模影响的角度研究了企业的绩效。

(2)新制度经济学的企业成长论。

新制度经济学认为企业是在独立的行政指挥机制协调下,通过要素契约聚集起来的生产要素的集合。根据这个定义,企业的成长就应该是企业边界的变化,而企业边界则等同于上述生产要素集合的边界或要素契约集合的边界。这样的"成长"概念很容易产生一个问题——到底是企业边界的扩大对应着企业的成长,还是边界的缩小对应企业的成长?

Coase(1937)认为,企业是市场机制的替代,市场交易费用与企业内部协调管理费用的均衡确定企业的边界,节约市场交易费用是企业成长的动力。Williamson(1975、1985)从资产专用性、不确定性和交易效率3个维度定义了交易费用,在此基础上分析了确定企业边界的原则等问题。他认为,为解决资产专用性带来的机会主义行为,企业会通过前向或后向一体化,把原来属于市场交易的某些阶段纳入企业内部,这种企业成长就表现为企业纵向边界的扩张。澳籍华裔经济学家杨小凯和黄有光教授(1993)认为应该考虑经济主体的交易效率因素,即市场越发达,市场交易范围越大,在增加了交易费用的同时,也提高了交易效率,且后者更为重要,只要交易效率提高的收益大于交易费用导致的成本,市场与企业的成长就可以齐头并进。

(3)以竞争优势理论为核心的企业成长论。

Poter(1985)提出竞争优势理论,认为企业获取竞争优势主要有3种基本战略,即成本领先战略、标新立异战略和目标集聚战略。后来Poter又创立了价值链理论,认为企业的竞争优势来源于价值链的优化。他对企业成长理论的主要贡献在于提出了产业结构的规范分析方法,认为企业竞争优势在一定程度上取决于企业所在产业的竞争结构,企业应该在对其竞争者、购买者、供应者、替代者、潜在竞争者5种力量进行分析的基础上确定企业的竞争战略;企业竞争战略反过来又会对以上5种基本竞争力量产生影响,并进一步影响产业结构和竞争规则,从而增进企业的竞争优势。

企业外生成长理论是以企业规模或寿命(Sleu,2002)、企业员工数量(Marten Coos,2000;Konings,2002)、就业率(Alex Coad,2008;Haibo Zhous,2009)、生产率(Panos、Casero,2009)等指标来测度企业成长,对成长机制和企业自身能力缺乏足够的重视,从本质上看是一种静态的成本分析。

2.1.1.2 基于内生的企业成长理论

企业内生成长理论认为企业成长是内生性的,企业的内生性因素(资源、能力、知识等)决定了企业成长的程度和范围,是决定企业成长的主导因素。企业内生成长理论可以大致分为:内生成长理论的渊源、彭罗斯(Panos)的内生成长理论、管理者理论的企业成长理论、制度变迁理论的内生成长理论、演化经济学的企业成长理论、以资源为基础的企业成长理论和基于学习型组织的企业成长理论。

(1)内生成长理论的渊源。

Adam Smith(1776)在《国富论》中用分工的规模经济利益来解释企业成长问题,是企业内生成长理论最早的思想来源。他认为,分工对劳动生产率的促进作用主要表现在3个方面:第一,简单工作的重复进行可以提高劳动生产率;第二,把复杂工作分解为连续的简单操作可以减少工人从事多项操作时的转换成本;第三,工作的简单操作有利于机器的发明和应用。用现代企业资源基础理论的观点来看,企业的劳动分工实质上是生产流程被日益简化、分解的连续"发明过程"。因此,劳动分工是企业内生成长和效率的根源。

马克思(1860)对劳动分工和企业内生成长之间的关系作出了详细而准确的描述。他考察了劳动分工条件下局部劳动分工如何影响生产效率的机制,在强调劳动分工的同时,还强调了协作对提高组织效率的作用。他认为,单个劳动者力量的简单相加和多人协作完成同一操作表现出的社会力量有根本差别。马克思注意到专业化分工和专用性知识积累的内在联系,他的这种分析为我们考察知识积累和企业内生成长之间的内在联系机制提供了有益的借鉴。

马歇尔(1920)从企业内部职能部门间的"差异分工"角度提出了基于企业内部技能和知识的成长理论。他认为,企业中的一项职能常常可以分解为多个新的次级职能单元,不同次级单元将产生一系列不同的专业技能和知识。这种专业化分工的增加导致了新的内部专业职能对原有的和新的专业职能进行协调和整合。这样,企业的生产和协调能力就会在内部获得持续的成长。他的理论建立在"差异—整合"理论基础之上,他的观点已经与现代企业资源基础理论非常接近了,即企业的异质性能力来源于企业内部职能分工中的知识积累和组织协调。他在坚持规模经济决定企业成长这个古典观点的同时,也试图把它与稳定的竞争均衡条件相协调。他试图综合稳定的竞争均衡条件与古典的企业成长理论,通过引入外部经济、企业家生命有限性和垄断企业避免竞争的困难性,把稳定的竞争均衡条件与古典企业成长理论协调起来。他认为,由于企业规模的扩大会导致灵活性下降,从而竞争力下降,成长的负面效应最终会超过正面效应,使企业失去成长的势头。更重要的是随着企业的成长,企业家的精力和寿命均会对企业成长形成制约,且新企业和年轻企业家的进入,会对原有企业的垄断地位形成挑战,从而制约了行业垄断结构的维持。企业的成长取决于企业的外部经济和内部经济。外部经济给企业提供了成长的足够的市场空间,内部良好的管理给企业带来了超额利润。大批量生产能力、大规模生产能力和内部交易费用下降对企业成长和边界有重要作用。企业家是影响企业成长的决定因素。马歇尔的理论是熊彼特、彭罗斯(Panos)演化理论的思想渊源。

(2)彭罗斯对企业内生成长理论的发展。

彭罗斯(1959)发展了马歇尔的企业内部成长理论,并将注意力集中到单个企业的内生成长过程。她以单个的企业为研究对象,以"不折不扣的理论"来分析企业成长这一过程,探究了决定企业成长的因素和企业成长的机制,建立了一个企业资源—企业能力—企业成长的分析框架。她认为,稀缺的管理资源是企业成长的最重要的限制因素,企业成长的前提是增加相应的管理资源。在现有管理资源的约束下,企业的过度扩张会导致企业生产效率的下降。企业内部决策活动的惯例化和程序化是缓解管理资源稀缺的主要途径。在企业的扩张中,非程序化的决策活动引起的新的协调问题在开始的时候往往占用了管理人员大部分的时间和精力,一旦把这些问题惯例化和程序化,单个决策者就能够节约其管理资源并将这种管理资源释放出来。

彭罗斯集中研究了企业新知识促进机制和接下来的企业知识积累机制,她认为知识积累是企业内部化的结果,这一过程节约了企业稀缺的决策能力资源,促进了企业成长。她把企业内部决策活动的程序化看成是外部知识内部化的积累过程。特别关注企业对"标准操作规程"和"程序性决策规则"等知识的积累。在企业将外部知识内部化和个体知识联合化的过程中,实质上是在将正式的、公开性的知识转化为非正式的默示性知识。彭罗斯把决策的惯例化和程序化看作是专业化协作中共同知识的积累过程。随着共同知识的积累,一方面稳定了企业组织成员行为的预期,另一方面提高了企业成员的决策效率。这使组织可以释放出部分管理资源,以解决企业成长中的非程序化决策问题,推动企业的成长和发展。彭罗斯对企业内生成长的研究是深刻的，但她过分强调了管理资源对企业成长的作用，而忽视了企业内部其他资源对企业成长的制约作用。

(3)管理者理论的企业成长论。

管理者理论是在 Berle 和 Means(1932)提出现代企业所有权和控制权分离这一命题之后，经济学家对经理式企业目标行为进行探讨的过程中形成的。管理者理论关于企业成长的主要观点是，随着现代企业所有者和经营管理者身份的分离，以及相应的所有权与控制权的分离，企业的经营管理者掌握了企业的实际控制权，因此，这些企业的目标已经不是追求企业所有者的利润最大化，而是追求管理者阶层自身的效用最大化。由于管理者利益并不与利润直接相关，而是与企业的规模或增长密切相关，这就导致企业行为方面的新特点。即企业成长成为企业的目标，因为这符合管理者的效用函数。管理者理论的企业成长论的共同之处在于，把追求企业成长作为企业的目标，在此前提下探讨决定企业成长的因素及实现稳定增长的条件。

(4)企业制度变迁理论的企业内生成长理论。

对企业成长制度变迁理论的探讨，钱德勒(Chandler)是从历史和宏观角度进行的。钱德勒(1962、1977、1994)的主要观点集中体现在他的 3 部经典著作《战略与结构：美国工商企业成长的若干篇章》《看得见的手——美国企业的管理革命》与《企业规模经济与范围经济——工业资本主义的原动力》之中。钱德勒在《看得见的手——美国企业的管理革命》中，描述了现代工业企业的两种扩张途径：一是生产型企业主动拓展，直接进入采购和分销领域，实现前向或后向一体化；二是小规模的家庭或个人所有的企业借助横向合并，成为全国性企业，在集中生产的基础上，再向前或向后实行联合。企业多角化和纵向一体化是现代企业成长的主要策略。

(5)演化论经济学对企业内生成长理论的贡献。

Nelson 和 Winter(1982)在 Alchian(1950)的演化经济学思想基础之上建立了一个比较完整的解释经济变迁的演化理论，特别强调企业在变动的市场环境中如何运动是解释经济变迁的基础。他们指出，现实企业是由利润推动的，但绝不是新古典经济学所假设的利润最大化的生产者。企业是生产性知识和能力积累的载体，对未来的把握取决于特定企业的知识积累状况。在不确定性条件下，企业拥有的知识是不完全的，企业只是特定时间内具有一定知识、能力和决策规则的生产者。在环境选择机制作用下，企业现有惯例或知识基础决定了企业成长的方向和模式，同时也决定了企业之间竞争性行为的结果。

他们认为，企业将遵循已经成熟的惯例进行运作，而不是随时计算最优的解决方案。每个企业的惯例可以被看成是企业知识和经验的载体，这些惯例之间存在着一定的差别性，它们构成了企业之间相互区别的特征。企业的惯例在一段时间内将保持一定的稳定性，如果企业按惯例运行能够获得满意的收益，那么这些惯例往往不会发生变化，因而不会发生企业的成长。但是，如果企业的运行状况出现了异常而使收益低于某一限度时，企业将有可能对惯例加以调整，从而可能会引起企业的成长。尼尔逊和温特把企业改变惯例的应变行为称为企业的成长，他们认为企业成长是基于惯例的，企业成长需要企业惯例的支持。因为在企业的组织活动中，知识和能力表现为具体的惯例。它构成了企业组织成员决策活动的前提，即企业的内生成长表现为内在的惯例依赖过程。

(6)以资源为基础的企业理论对企业内生成长的研究。

Demsetz(1988)认为，在承认其他因素起作用的条件下，大体来说，企业为维持自己所需要的知识而需要开支的大小，决定了企业多元化扩张的程度。一家单独企业要在自己产品的用途进一步多样化以前，把它加工成新的、根据说明书的指导用起来更简便的几种产品。这样就必须使企业成长，因为要开发新的生产线，就必须为获得和维持有关信息花费更大的成本。如果由不同的生产者分别使用这些已被进一步简化的生产线，他们就无需付出那些成本。一旦生产线的发展达到这一点，该产品的所有权就会转移，但即使不改变所有权，进一步加工出派生产品的工作也成为其他企业的任务，界定多元化程度的边界也由此建立起来了。

Prahalad 和 Hamel(1990)认为，企业核心知识和能力所具有的因果关系的模糊性、路径依赖性和社会复杂性形成一种"隔离机制"，使得其他企业的模仿行为即使是可能的，也将面临相关的、很高的成本约束。企业的成长表现为企业之间不断的模仿和创新性竞争活动，而这些活动围绕的中心是如何快速而有效地积累起来适应外部环境变化的核心知识和能力。因此，企业成长是内生性的，即企业内部持续的知识积累过程。

Barney(1991)指出，传统经济理论和企业战略管理理论把企业的竞争优势看成是外生决定的，认为企业的成长是由外部因素决定的。而 Barney 认为，实施竞争性战略的关键性资源是企业内部长期发展的结果，难以通过市场公开获得。企业生存和成长取决于企业内部长期知识和资源积累过程中所形成的长期的动态生产成本优势。

(7)学习型组织与企业的内生成长。

学习型组织理论认为，组织学习是企业成长过程中必不可少的内部机制，现代企业是一个学习型的生命体(Dodson,1993)。组织通过学习就能了解顾客的需求，开发出新产品；可以根据竞争对手的情况调整自己的市场策略；通过系统化的制度开发智力资本等。因此，通过适应环境、自我调整而获得生存与发展，是企业组织生命体的基本机制。

企业内生成长理论把对企业成长研究的视角从外部因素转移到内部因素，这相对于外生成长论来说是一大进步。同时这也与唯物辩证法中内因起决定作用的理论方法相一致。因此可以说，企业内生成长理论才是真正意义上的企业成长理论，对企业的成长和壮大及成长的上限是比较有说服力的理论。

2.1.1.3 基于企业家能力的企业成长理论

在古今中外的所有经济学流派中，最推崇企业家在经济中的作用并把其放在理论的中心位置的，当数奥地利学派。从 Carl Menger(1881)开始，Mises(1949)、Hayek A(1937)到当代的 Kirzner(1973、1979)等人，其影响绵延不绝，成为了著名的学术流派。就企业成长而言，奥地利学派发现了企业家的重要作用，并一如既往地坚持，是其对企业成长理论的贡献。但他们又往往在分析这种重要作用的原因时产生迷惘和偏离，在企业与企业家的关系问题方面一直未深入研究，而把兴奋点放在如何界定企业家职能方面上。

我国学者曾永江(2009)在其博士论文《基于企业家能力的企业成长理论》中首次将企业家和企业定义为主体和客体的关系，指出企业家能力是企业成长的关键，他认为企业家能力的成长决定着企业的成长，企业成长就是企业家运用企业家权力，并利用企业成长规律去推动企业不断发展的过程。

无论内生的企业成长理论，还是外生的企业成长理论或者基于企业家能力的企业成长理论，都把企业成长的原因定格为某些单方面的因素，本书认为企业是一个微观经济系统，在其生存和发展过程中同时与外部环境、内部组织，以及企业家打交道，其成长应该是在一种综合力量的作用下从一个状态到另一个状态的过程，绝对不可能只依赖组织外部的环境、组织内部的行为或者企业领导人的某些能力。

2.1.2 系统论与系统管理理论

2.1.2.1 系统论

(1)一般系统论。

系统一词最早出现在古希腊语中，原意是指事物中的共性部分和每一事物应占据的位置，也就是由部分组成的整体的意思。随着现代科学技术的发展及人类社会实践的积累，人们对系统概念的认识有了进一步的发展，系统一词被赋予更深刻的含义。

系统是一个有机整体，在某些环境下，具有特定的功能，是由几个相互联系、相互作用的部分组成。系统中的部分，被称为元素或子系统。系统可分为不同层次的元素，不同级别的元素具有相对性(魏宏森，2010)。

系统论是美籍奥地利理论生物学家 Bertalanffy(1955)首次提出，后经过很多科学家发展形成，包括一般系统理论、控制理论、信息论、耗散结构理论、合作理论等，也包括被广泛应用于科学与工程分析的系统分析技术(常绍舜，2011)。

系统完整性的 8 个原则：整体性原则、层次原则、开放性原则、目的性原则、突变性原则、稳定性原则、自组织性原理、相似性原则(于德英，2004)。

系统整体原则是指，由几个不同的元素组成，是一个有机的统一整体，并且具有这些组成元素所不具有的新功能。每一个元素是该系统的一个子单元，一旦组成系统作为一个整体，就具有了某种特性与功能，而这些特性与功能是那些独立的元素所不具有的，这个新系统的性质和功能不等于所有元素的简单相加。系统层次原则是指系统的要素在成分上的差异，包括各个不同元素在新组织中的一些差异，具体表现在元素的地位与产生的作用之间，以及元素组成系统的结构和体现的功能在方式上表现出的差异，从而在等级秩序上使得系统与系统有所不同，形成一个定性的系统差异，层次概念反映了不同的系统之间存在的质的不同差异。系统的目的性是指，在与环境相互作用的组织体系中，在一定程度上，不受或较少受经验条件的影响，展现一定的趋于某种预定状态的特性。系统的突变原则是指，由于系统自身的不稳定性，致使突变而使系统从一个状态变换到另一个状态，表现为一个系统的变化，而且这种突变过程有各种方式。系统的发展仍然存在基本形式的多样性质的变化，带来丰富多彩的系统的发展。系统的自组织原则主要体现在两个方面：一是开放系统；二是复杂的非线性系统。由于系统内部和外部环境之间因素产生的相互作用，使得内部因素由于偏离稳态，由此产生的影响可能被放大，从而在更大的范围内，导致系统内部的相关性越来越强，从而使系统产生自发组织，在级别上由低级向高级发展，而在状态上则是由无序变为有序。系统的开放性原则是在系统的性质与功能上，表现为不断地和外部的环境之间所进行的物能及信息的交换，它稳定存在和发展下去的条件是开放的系统环境。系统的稳定性原则，是系统在应对外界的变动下能够维持和恢复到原有有序的状态，这一目的的实现是在开放的前提下，系统有相应的自稳定能力，即使外界变化也能保持和恢复系统自身的结构与功能。系统相似性原理是基于自然界本身就存在相同结构和相同状态的特点，因此对于系统而言，在其结构和功能上，以及系统存在的模式上都是有相同点的，这也是系统统一性与差异性并存下的共性的具体表现。

(2)现代系统论。

现代系统论是经典系统论全面发展的结果。经典系统论的研究对象是整体,将整个问题作为主要目标。但是,现代系统论的研究对象则是一种关系,这种关系是系统内的整体与部分之间的关系。

现代系统论比经典系统论的一大进步,是从简单的机械系统变为复杂系统理论。复杂系统研究是系统科学的主要研究方向之一,复杂适应系统(CAS)是一种很有代表性的复杂的系统。

复杂适应系统理论的基本思想是:CAS的复杂性源于个体的适应性,这些个体与环境,以及与其他个体的互动,改变了自己,也改变了环境,CAS是适应性最重要的特征,即系统中的个体可以与环境和其他个体沟通,在交流中"学习"或"积累经验",学习的不断演变的过程中,根据学到的经验改变其结构类型。个体通过相互作用、相互交流,可在水平、结构和更复杂的行为上,形成新的聚合,出现更大的个体。在复杂的自适应系统中,所有个体都在公共环境中,但也根据它们周围局部的环境,平行地、独立地自适应学习和进化,个体适应能力和学习能力是一种智能的表现,所以有些人也将这些个体称为智能体。个体因环境的演变,为了生存的需要,调整自己的行为,修改自己的规则,以更好地满足各种环境的需求选择,很多个体适应环境的行为将不断影响和改变环境,环境本身的变化,也以"约束"的形式,对个体行为产生制约和影响。个体和环境之间是一个如此反复,相互作用、相互影响、相互进化的动态变化过程。

2.1.2.2 系统管理理论

所谓企业系统,就是企业为了达到一定的目的,由一系列相互联系的因素、环节、经济活动单位所组成的具有特定功能的生产经营有机整体。企业系统的基本功能是为社会提供有形或无形的财物并获取一定的盈利。企业系统是一个复杂的人造系统,因为它是按照人们所需求的目的,由人工组织所建立起来的一种系统。企业系统是一个开放的、动态的系统。任何一个企业的经营活动都需要在与外界环境的物质与能量的交换过程中得以实现,企业的规模、经营战略都随着时间的变化发生动态的改变。企业是一个由物质系统与概念系统共同组成的复杂系统,企业系统中既包含人力、设备、资金等有形资产,又包含企业制度、企业文化、企业品牌等无形资产。同时企业也是一个行为系统,企业的运行通过人的行为得以实现。

企业系统管理理论是指应用系统理论的范畴、原理,全面分析和研究企业及其他组织的管理活动和管理过程,并运用系统管理方法管理企业的理论。巴纳德首先用系统的观点来研究组织管理的问题,建立了社会系统理论,他把企业当作一个由人们有意识地加以协调的各种活动的系统,即有意识地协调工厂机器等实物系统、人员构成、社会系统及三者相互联结起来的人的活动总体。为了提高企业生产效率,就必须从各种因素及其性质和它们之间相互作用的方式入手研究,进行组织系统优化。这一理论被美国的 Kast、Rosenzweig 等(1963)为代表的系统管理理论学派进一步完善和深化。由卡斯特和罗森茨威克两人合著了《组织与管理——一种系统学说》是系统管理理论的代表作,他们认为系统管理理论是指应用系统理论的范畴、原理,全面分析和研究企业及其他组织的管理活动和管理过程,重视对组织结构和模式的分析,并建立起系统的模型对企业进行系统管理的理论。

2.1.3 自组织理论

自组织理论是在20世纪60年代末期开始建立并发展起来的一种系统理论。它的研究对象主要是复杂自组织系统(生命系统、社会系统)的形成和发展机制问题,即在一定条件下,系统是如何自动地由无序走向有序,由低级有序走向高级有序的。自组织理论并不是一个单一的理论,而是一个理论群。它是由耗散结构理论、协同学理论、突变理论、超循环理论、分形结构理论和混沌理论等组成的(刘建波,2005)。

这些理论都是从不同角度为自组织的形成提供了不同的理论基础和方法论。耗散结构理论为自组织的形成提供了条件方法论;协同学理论为自组织的形成提供了动力学方法论;突变理论为自组织的形成提供了演化途径方法论;超循环理论为自组织的形成提供了结合方法论;分形结构理论为自组织的形成提供了结构方法论;混沌理论为自组织的形成提供了演化过程和图景方法论。

2.1.3.1 耗散结构理论

耗散结构理论是比利时学者Prigogine(1967)提出的。他研究开放系统在远离平衡态下,系统通过和外界环境进行物质、能量和信息交换,一旦系统的某个参量变化到一定临界值时,系统就有可能从原来的无序状态转变为一种时间、空间或功能宏观有序的状态。耗散结构理论研究一个开放系统由混沌向有序转化的机理、条件和规律。

企业系统就是一个耗散结构系统。运用耗散结构理论研究企业系统与环境的关系,研究企业如何适应环境变化从而推动企业成长,成为企业成长研究新的视角。任佩瑜等(1998)先后以企业管理中的组织结构、企业文化、组织决策等为研究对象,创造性地提出了管理熵、管理耗散结构的概念,建立了管理熵的计算模型,并分析了企业组织演化的规律,认为企业组织演化是在管理熵和管理耗散结构的非线性相互作用中完成的。刘兴国(2001)分析了耗散结构理论对现代企业管理的影响,以及企业存在的各种正负、熵流,并建立了企业熵流的一般管理模型。张辅松(2003)重点讨论了企业管理系统中耗散结构特征以及它对企业管理的启示。皇民等(2004)认为企业发展本身就是一个把企业推向外部环境并借助非线性机制调节,使企业达到一种远离平衡态的稳定有序的耗散结构的过程和动态行为,而现代企业要想在竞争激烈的市场中获得长久的持续发展,很重要的一条途径就是为企业营造耗散结构所需的种种条件,并努力将企业培育成稳定有序的耗散结构模式。张艳萍(2005)分析了企业系统作为耗散系统所具有特征,分析了企业系统进化的本质和动力,并建立了企业系统的熵变模型,将耗散结构理论系统地应用在企业系统进化过程分析中。史修松(2006)认为管理熵、管理耗散结构与企业组织之间,在环境影响下存在着非线性的此消彼长、相互依存、相互制约的复杂的矛盾关系,从而构成一个企业开放复杂的系统。

2.1.3.2 协同学理论

协同学理论是理论物理学家Hermann(1969)提出的。他认为,一个系统从无序到有序转变的关键不在于系统是平衡还是不平衡,也不在于离平衡态有多远,而是系统内部各子系统间通过非线性相互作用和协作,在一定条件下,能自发地产生在时间、空间或功能上稳定的有序结构,这就是自组织理论。他同时指出,系统在临界点附近的行为仅由少数慢变量——序参量决定,系统的慢变量支配快变量,也就是所谓的支配原理。协同学理论研究复杂系统中子系统之间如何竞争与合作形成整体的自组织行为,探索在系统宏观状态发生质的改变的转折点附近支配子系统协同作用的一般性原理。

企业系统作为非线性的复杂系统,也是协同学理论研究的对象。范明等(2004)比较系统地运用协同学理论探究企业的可持续成长,他们认为企业系统是人工复杂系统,具有耗散结构特征,具有产业力纬度、技术力纬度、制度力纬度和市场权力纬度构成企业可持续成长的四力纬度结构,企业可持续成长能力现状、四力纬度结构和外部环境的随机涨落因素确定了企业可持续成长能力跃迁的方向、速度和水平,企业可持续成长的自组织机理表现为企业系统演化的不确定性、企业系统的序参量(指可持续成长能力)、企业可持续成长能力的势函数和非平衡相变。刘建波(2005)从企业进化的决定力量出发,否定了中外学者提出的企业家精神、创新、知识创造、持续成长能力、核心理念和追求进步的驱动力、问题、惯例等作为企业进化序参量的观点,借用基因理论,提出组织学习基因才是企业进化系统的序参量的观点。曹洋等(2006)应用协同学理论中的有关内容,从"系统开放性"角度探讨了民营科技企业成长中的内部生产与外部需求紧密结合的营机制,从"子系统协同"角度探讨了民营科技企业内部团结一致的运作机制以及各种动力因素协同并进的动力机制之间的有机融合和交互作用形成了其独特的成长机制,并从"序参量"角度探讨了企业发展战略、企业文化和创新意识在民营科技企业成长过程中的重要作用。郭骁等(2007)将企业可持续成长路径分为"代内路径"和"代际路径",认为研究企业可持续成长不能仅限于"代内"的生命周期,更应该关注企业从"第一代"向"第二代"质变的动态变化,并基于自组织理论研究企业可持续成长的"代际飞跃"。王英姿等(2009)认为核心技术、治理结构、企业文化、技术创新是中小科技企业发展的序参量,这几个序参量在中小科技企业的生命周期各阶段起着不同的控制作用。

2.1.3.3 突变论

突变论是法国数学家 Rene Thom(1975)提出的一种拓扑数学理论,他为现实世界的形态发生突变现象提供了可资利用的数学框架和工具。突变论在研究复杂性问题和过程时具有特殊的方法论意义。人们常把缓慢变化称为渐变,把瞬间完成明显急促的变化称为突变,但是突变与渐变的这种经验性认识既不准确也不科学。它们的本质区别不是变化率大小,而是变化率在变化点附近有无"不连续"性质出现,突变是原来变化的间断,渐变是原来变化的延续。所以突变属于间断性范畴,渐变属于连续性范畴。突变论的模型为思考人类思维过程和认识机制提供了新的思路。根据突变论的观点,我们的精神生活只不过是各个动力场吸引子之间的一系列突变,这种动力场是由我们的神经细胞的稳定活动构成的。认识形态并不具有随意性,而是由其内部和外部条件预先决定的,Thom 指出:我们思想的内在运动与作用于外部世界的运动,两者在根本上并没有什么不同。外部的模型变化可通过耦合的办法在我们的思想深处建立起来,这也正是认识的过程。

张旭昆(2004)研究了制度演化的突变与渐进,提出两种突变改革模式和两种渐进改革模式。石春生和梁洪松(2006)研究了渐变型组织创新与突变型组织创新的优点。苏启林(2006)总结了破坏性创新理论的研究进展,并对我国制药业、汽车业、企业级软件业的破坏性创新进行了实证研究。

2.1.3.4　混沌与分形理论

混沌学是研究确定性非线性动力学系统所表现出来的具有貌似随机、无规则性复杂行为混沌运动的非线性动力学，是研究混沌运动中从无序到有序的演化及其反演化的规律和控制的科学。

混沌，一般是指来自确定系统中的随机现象，具有表观的无序、有序有律，以及无序与有序的互补等性质。分形，一般指在结构、功能和信息等方面具有自相似的研究对象，具有自相似、层次化结构、非线性等特征。分形的核心在于自相似性和递归性，自相似性是跨越不同尺度的对称性。混沌学重点研究非线性动力过程中的各种复杂性质，而分形注重对某一动力行为而产生的“吸引子”的研究。

企业系统本质上是一类非线性的复杂系统，混沌理论为研究企业系统提供了新的范式。Tom Peters(1988)指出现有“牛顿型”的组织必将为“混沌”型组织所代替，20 世纪 90 年代的管理将逐渐从控制走向混沌。McNeil(1987)将混沌吸引子的概念用来说明企业发展的内在动力，提出企业系统行为变化的“I”型模式。日本学者野中郁次郎(1988、1994)通过分析日本企业历史演变发现，混沌理论可以用来说明这一发展过程中呈现出来的复杂性现象。范如国等(2002)阐述了企业制度系统中存在的混沌现象，通过数量分析揭示了分形在企业制度创新中的作用，论述了企业制度分形研究的价值。赵敏等(2007)利用混沌经济学相关理论对科技创业企业的成长过程及规律进行了分析，探讨了科技创业企业管理层管理能力、内部研发投入增长率及外部市场增长率等控制参数与科技创业企业投资回报率之间存在的混沌经济规律。朱其忠等(2009)分析了地区企业集群发展过程中的混沌和分形现象，并建立了相关数学模型。

2.2　相关文献

2.2.1　企业生存与发展的影响因素

决定企业生存和发展的因素究竟有哪些？各因素的影响力大小分别是多少？这些问题到目前为止并没有形成定论。

2.2.1.1　国外学者对企业成长影响因素的研究

爱迪斯(Adizes，1979)通过考察企业发展中所遇到的各种障碍来考察影响企业成长的因素，通过描述和概括企业不同成长阶段的特征，从中归纳出他对企业不同阶段面临不同障碍的观点。婴儿期主要障碍是财务资本、人力资本、技术水平、治理结构、管理制度等；学步期的主要障碍是企业的控制力、具有战略性和系统性的制度和科学的授权体系等；青春期的主要障碍是创业者声望与制度冲突、多元化陷阱和管理人员使用等；成熟期的主要障碍是创新精神衰退和创造力下降；衰退期的主要障碍是企业和员工的自我保护意识、顾客观念淡漠、拘泥于传统、企业保守等。

Gill(1985)在《影响小企业生存与发展的因素》一书中概括了影响中小企业成长的主要因素，分别是：业主 5 年以上的企业管理经验、资金、市场营销经验和技能、机遇及识别和把握机遇的能力、内部效率、快速反应能力、控制能力、快速集中资源能力、与顾客的关系、对问题的关注、快速准确提供服务的能力、计划和控制、业主从手艺人到职业管理者的转变、创业动力、对企业家非物质因素的关心与研究、管理者创业前5年的成功经验、项目投资选择等。他高度强调了系列的企业能力，这个能力涉及到企业经营的各个环节，首先是企业家的个人能力，其次是企业经营中表现出来的各个环节上的能力，再次是各种能力的有机结合。他同时将成长阶段理论与成长决定因素理论进行融合，并指出与企业和所有者相关的8种因素在企业不同成长阶段起着不同程度的作用。

Storey(1994)从企业家、企业和战略3个方面对以往研究成果进行了梳理，并认为企业家的创业动机、行业背景及管理经验，企业的产业属性、地域位置及规模，以及企业的市场定位和出口导向等方面的因素都会影响企业的成长，并且这3个方面的因素共同发生作用。只有当它们恰当地结合在一起时，企业才能实现快速成长，而当其中某些因素不起作用或配合不佳时，成长就会很慢甚至不能成长或衰退。这里强调了一种综合协调能力，即企业家才能、企业发展能力和企业发展执行能力的一种协调配合。

Cardozo(2000)通过对文献梳理和与百余家企业的访谈，提出了影响企业成长的因素体系，并据此进行了实证研究，最后得出以下7个方面因素影响企业成长的结论，同时指出了各个因素的缺失对企业成长的影响表现和机理。这些因素分别是：第一，企业缺乏经营愿望；第二，创业团队的目标与风险偏好难以统一；第三，难以识别适中的经营规模；第四，成长时机选择不当；第五，对成长的期望过高或过低；第六，为成长选择了不适合的产品市场；第七，不能有效地组合和配置各种资源。

2.2.1.2 国内学者对企业成长影响因素的研究

徐忠伟(2005)以组织战略资本投入、战略规划、治理结构、组织机制和企业家特性作为自变量，以战略远见、企业文化和组织效率作为中介变量来研究民营企业可持续发展的影响因素。

陈亚荣(2005)从人力资源条件、竞争条件、生产条件、营销条件4个二级指标(子系统)，25个三级指标来评价小企业的生存基础。

周涛(2007)在企业家的基本素质测项、能力测项、绩效贡献和社会责任贡献4个指标来评价企业家对企业生存和发展的影响。

关健等(2009)从经济环境、政治环境、技术环境、社会文化环境、人才环境和自然资源环境6个方面来评价外部环境对中小企业成长的影响。

张玉明和刘德胜(2009)从内生和外生机制两个层面来评价中小型科技企业的成长能力。其中，外生机制包括政策法律环境、行业演化与行业发展、企业集群、区域创新网络、金融生态环境、社会服务及基础设施建设状况；内生机制包括企业家素质、技术创新、人力资源、融资能力、产品与市场、治理结构和企业文化。

马小援(2010)从宏观环境、市场环境、自然环境及企业内部环境4个方面来评价环境对企业生存和发展的影响，其中宏观环境子系统又分为政治环境、经济环境、科技环境、法律环境、社会文化环境；市场环境子系统包括市场容量、市场结构、市场规则、竞争对手、供应商、购买者；自然环境子系统包括自然资源环境、生态环境、大气环境；企业内部环境子系统包括企业的组织结构、生产与技术结构、财务及控制、人力资源、市场营销、研究与开发和企业文化。

影响企业生存和发展的因素很多，不同类型、不同规模、不同行业、不同地域的企业影响因素可能千差万别，通过广大学者的分析研究，揭示了对企业生存和发展影响较大的因素，尽管分析方法和侧重点有差异，但基本上都认可企业领导人个人能力对企业的影响是比较大的，企业的内部管理和外部环境都不同程度的影响企业的生存和发展，这些为后面的研究提供了大量的理论根据。

2.2.2 企业生命力相关文献

2.2.2.1 国内文献对企业生命力的研究

国内对于企业生命力的研究，从中国知网以“企业生命力”为关键词在期刊中查询，总共550条记录，从1979—1992年每年见诸报端的就几篇，1992—2003年每年十几篇，2004年之后基本稳定在三十几篇(数据来源于中国知网，统计日期为2014年8月12日)。在硕士、博士论文中以“企业生命力”为关键字查询，总共20条记录，其中博士2篇，硕士18篇。在亚马逊图书分类中查询“企业生命力”，共4本书，只有旷锦云的《企业生命力探索》是研究企业生命力的，其他都没有涉及企业生命力。以上说明国内对企业生命力研究得并不多。下面对学者们的研究做简单梳理。

赵国杰(1992)将企业活力定义为企业在法律与社会、文化等约束条件下所具有的自组织、自发展、自约束，并与环境相协调的生命力的整体激发态强度，并用 $f=\Psi\{\Phi[x_1(t),x_2(t),x_3(t)],E[y_1,y_2,y_3,...,y_m,t]\}$，其中，$f$ 为活力为状态强度函数；Φ 为企业生命力；$x_1(t)$为企业自组织函数；$x_2(t)$为企业自发展函数；$x_3(t)$为企业自约束函数；E 为环境函数；y_1,y_2,y_m 为政治、文化、经济、军事、教育、技术、资源、市场等环境变量；t 为时间。

韩福荣和徐艳梅(2002)以可持续发展思想为指导，强调企业及其管理应仿照自然生命系统，企业为生命有机体，有诸多生命体的生命现象，并从企业进化、企业成长、企业年龄、企业生命周期等角度对企业进行仿生研究。

李维安(2002)把企业生命力定义为企业生存力、成长力、再生力，是企业生命机能强弱的外在表现，并通过分析三力对应的财务指标，运用专家打分法和层次分析法构建了企业生命力评价体系。

方舟(2002)提出，所谓企业生命力，简言之就是企业存在于社会的生存与发展能力。企业的竞争力及核心竞争力与企业的生命力密切相关，是企业生命力的外部反映。

吴诣民等(2003)认为企业活力是指企业作为一个有机整体，在实现自身目标的过程中，通过内部因素与外界环境交互作用而表现出来的一种自我生存与自我发展能力。

徐艳梅和顾立刚(2003)的研究表明：企业生命力包含生存力、成长力和再生力。生存力、成长力和再生力3种能力是一个循环往复的动态过程。

刁兆峰(2003)在其博士论文《企业持续成长的机制与评价研究》中提出企业生命力表现为两个方面：一方面，在生命结构上，企业生命力表现为和企业的结构相关的企业的素质，它是企业生命力的基础，是企业静态生命力、结构生命力；另一方面，在生命过程中企业生命力表现为与企业功能或过程相关的能力，称之为动态生命力、过程生命力。

全怀周(2003)在其博士论文《企业生命周期的系统管理理论研究》中把企业看成一个生命体，其生命力用神经系统、血液循环系统、消化吸收系统和排泄系统4个维度来衡量。

万伦来(2004)从企业生态位的角度出发，指出企业生存力、发展力、竞争力是企业生态位的3个层面，并在此基础上设计了企业生态位评价指标体系，提出了企业生态位的定量评价方法，从而为直观评价企业生命力的强弱态势提供了一个有用的工具。

张立军和王瑛(2004)在《企业活力的综合评价模型及应用》中将企业活力从生存力、发展力两个维度建立财务指标体系，以2002年上市公司中食品板块的16家公司为例运用因子分析法对企业活力进行了综合评价。

杨开元和费文美(2007)在《企业生命力的"力"的视角阐释》中从"力"的视角研究企业生命力，提出"创业性动力"与"守业性阻力"相互抵消是企业的生命力的观点。旺盛的企业生命力，在于企业有限克服守业性阻力和无限创造创业性动力。

崔祯珍(2009)在《基于商业生态系统的企业生命力及其战略研究》中认为：企业生命力是适应环境变化的、生存和发展的、新陈代谢的、表现企业生命强度的一种能力。它包括生存和发展两个方面，不仅是生存，更是全面发展。

徐亮等(2010)在《企业生命力评价指标体系探讨》中从外部环境因素、企业生产因素、企业销售因素、企业管理因素、企业财务因素5个维度设计量化观测指标，通过BP神经网络模型来识别与评价IT企业生命力，揭示了IT企业生命力与组成因素之间的内在作用关系。

贾晶晶(2010)将企业生命力分解为抵抗力、竞争力、发展力，运用一系列的财务指标来评价企业的生命力。苗锡哲等(2010)在《生活电器上市公司排行榜》中，利用一系列财务指标对生活类电器公司的生命力进行了评价和排序。

徐丽娜(2010)分析了企业财务、人力资源、组织管理、企业家和技术创新对企业生命力的贡献。得出企业生命力公式 $Y=0.809X_1+0.765X_2+0.477X_3+0.437X_4+0.171X_5+3.508$，其中 Y 代表企业生命力；X_1 代表财务；X_2 代表人力资源；X_3 代表组织管理；X_4 代表企业家；X_5 代表技术创新。

徐艳梅等(2011)中运用生态学中仿生学思维方法对企业生命力进行了深入研究；通过商业年龄区间的划分改进了日本学者提出的商业年龄模型；在此基础上，基于指标选择的定量及数据可获取性原则选取13项指标对我国房地产行业上市公司的商业年龄进行了实证分析，对生命力弱的企业给予预警提示。

张凤海等(2013)中用企业生命力公式 $Y=(a+b+c)/3$ 表示(其中，a 为销售量变化，b 为企业年龄，c 为规模变化)，分析了科研效率、科研投入、科研人员、科研设备、科研成果对企业生命力的贡献。

旷锦云(2012)在《企业生命力探索》中指出企业生命力的关键要素是企业家、创新力、核心竞争力和控制力。

艾比江和马跃月(2013)将企业生命力用生存力、成长力和再生力作为二级指标，一系列的财务数据作为三级指标来衡量，没有具体权重，没有根据发展时期的特点分别对待。

佘育丹和朱冬和(2014)选取清远移动公司进行研究，形成了以抵抗力、竞争力和发展力为第一层指标，用户流失率、综合ARPU值、净利润增长率、每万用户投诉比、寻呼成功率、无线掉话率、客户满意度、客户市场占有率、运营收入增长率、新业务收入占比、SG&A增长率、净增客户份额、CAPEX增长率、EBITDA增长率等为第二层指标的生命力指数评价模型，得出清远移动公司2004—2011年的企业生命力。

2.2.2.2 国外关于企业生命力的研究

国外研究企业生命力相关领域的学者很多,但直接研究企业生命力的很少,就日本有几位学者研究企业生命力,比较有名的是后藤俊夫和竹田茂生。

后藤俊夫(2007)在《企业生命力》中指出长寿企业可持续发展的五大因素是:处理好与利益相关者的关系、强化企业优势、从远期战略出发、重视企业安全和长期稳定发展。

竹田茂生(2010)在《企业生命力的考察》和《基于类型化的企业生命力研究》中,通过运用其2002年对日本百年企业的调查结果,采用主成分分析法,构筑了企业生命力的7个基本要素,包括顾客志向因子、组织力因子、坚实性因子、继承性因子、创业性因子、变革性因子、地域志向因子,通过对14家长寿企业的问卷调查,进一步探讨了长寿企业的生命力,指出:通过设定创新力、求心力及继承力3个维度所表现的经营态势来确保长寿企业的生命力,并强调了长寿企业是在综合考虑时代背景、内部经营环境、外部经营环境及市场变动下保持3个维度的平衡。

通过以上文献的分析,不难发现:企业生命力的强弱直接影响企业的可持续发展,它是呈现企业生命强度的一种能力,表现为自身内在新陈代谢的状态及适应环境变化的能力。

本章小结:本章回顾了企业成长理论、系统论、系统管理理论、自组织理论企业生存和发展影响因素和企业生命力的相关文献,这些理论和文献是本书分析的基础。

3 基于自组织理论的企业组织结构模型

为了更好地分析企业的行为,我们设计了企业与环境关系的企业领导人-斜坡-球体模型和企业组织的分层结构球体模型。

3.1 企业的本质

企业是什么?由于不同经济学派分析企业的视角和侧重点不同,在理论上对企业的产生、发展和消亡的认识存在明显的差别。

Adam Smith(1776)认为,企业的本质是通过分工协作提高生产效率。在Smith看来,“劳动生产力的最大增进以及运用劳动时所表现的更大的熟练技巧和判断力,似乎都是分工的结果。”企业组织的出现是适应了在一个集体内部进行分工协作以提高生产力发展水平要求的结果。Smith认为,当把单个的“人”组织在企业内部通过分工协作进行生产时,单个人形成的有机整体创造的财富将是个人各自独立、封闭从事生产创造的财富的几百倍,乃至几千倍。

Karl Marx(1867)同样从分工的角度分析了企业的产生,认为企业是社会生产力发展到一定阶段社会分工协作的结果。他从社会整体历史进步的高度,提出了企业是生产力发展到一定阶段的历史产物。马克思同样认为,企业是社会生产提高生产效率要求的结果。

Ronald Coase(1937)等认为,企业的本质是以行政协调机制代替市场交易机制对资源进行有效配置。以Coase为代表的新制度经济学家对企业的本质给出不同于古典经济学和马克思主义经济学的解释,认为企业是市场的替代物。

Chester Banard(1938)认为:企业本质上是一种意愿协作体。他认为,组织是两人或者两人以上,以人类意识协调组成的活动或者力量系统,组织成为企业必须具备3个基本条件:①明确的目标;②协作的意愿;③良好的沟通。

Jensen和Meekiing(1976)则认为,企业的本质是一组相互制约的契约关系网。他们从另外一个角度对企业进行描述,认为企业和其他的大多数社会组织一样,是一种法律虚构,企业的职能是充当个人之间的一组契约管理的连接点,也就是说,企业是与企业相关的劳动者、消费者、物资和货币的投入者等相互连接形成的契约关系。

邓荣霖(1999)这样定义企业,他认为“企业是集合生产要素(土地、劳动力、资本和技术),在利润动机和承担风险条件下,为社会提供产品和服务的单位”。该定义指出了企业是以利润为目的的生产经营单位,如果没有了利润,企业也就无法存在,基本反映出市场经济条件下企业所具有的特点。

曾永江(2009)在其博士论文《基于企业家能力的企业成长论》中认为,企业为企业家服务的工具特性才是企业的本质,并进一步表述企业家和企业的关系:企业家创建了企业,并在行使最高决策权的过程中主导着企业的发展，从而居于主体地位，影响着企业成长的方向和性质；企业成长之源应来自于企业家；由于企业对企业家约束失效，它既给企业成长带来活力，又可能给企业带来风险；企业家的活动和能力决定着企业的成长。

不同研究人员从不同角度对企业本质的分析，各有其特殊的历史和现实背景，或者缘于不同的分析角度。

本书比较认同曾永江对企业领导人的重要作用的论述，也比较赞同将企业领导人从企业内部管理要素中单独提出加以分析的方法。

按照自组织理论，在不断变化的复杂环境中，存在一种具备不断学习、积累经验能力的智能体。为了生存和发展，智能体不断地调整，以求更好地适应环境的变化与选择的需要。智能体与环境及其他智能体之间不断进行交流，在交流的过程中不断"学习"和"积累"经验；智能体根据所学，再结合变化的需要，智能体不断地改变自身的结构，修改相应的规则和行为方式，不断发展。智能体与环境之间存在着复杂交互关系。大量智能体的各种行为不断地影响和改变着环境；动态变化的环境则以一种"约束"的形式对个体的行为产生约束和影响；智能体和环境之间，处于永不停止、相互作用、相互影响、相互进化的过程之中。

我们认为企业的本质是在企业领导人作用下自觉地适应环境的一个智能体，该智能体的生存和发展取决于企业领导人、企业组织和企业环境的协调性，如果三者之间协调一致，企业组织就能不断从环境中获取超过其输入的输出，企业组织就会不断壮大；反之，企业组织将不断萎缩，最终消亡。企业也是一种自组织、自适应系统。

3.2 企业与环境关系的企业领导人-斜坡-球体模型

文献中分析企业成长的影响因素无外乎内外(内部条件、外部环境)两个方面，模糊了企业领导人、企业组织、企业环境三者的关系，忽视了企业领导人个体对企业组织行为的巨大影响。

3.2.1 企业领导人-斜坡-球体模型

我们认为在分析企业生存和发展问题时，应将企业领导人、企业外部环境对企业组织的作用及企业内部组织自身的努力结合起来考虑。

企业领导人就是我们俗称的企业"一把手"，即企业的最高决策者、实际控制人，其对企业的控制依赖于其在企业中拥有的权利或者资源。

企业内部组织，简称企业组织，是接收企业领导人指令的经济实体。企业组织一经创办可以作为一个智能体存在和发展，一方面接收企业领导人的指令运转，另一方面企业组织也有自己的主观能动性。

企业环境是企业组织之外的一切因素的总和，也是企业赖以生存的基础，企业必须与环境交换，才能得以生存和发展。

企业组织的发展是由企业领导人、企业组织和企业环境共同作用决定的，我们可以将这种企业与环境的这种关系用企业领导人-斜坡-球体模型来表示。

企业的斜坡-球体模型是海尔创建的(孙兵，2010)。"斜坡-球体定律"是海尔集团经过多年的企业管理实践经验总结出的关于企业发展的力学模型。企业在市场上所处的位置，就如同斜坡上的一个球体，它受到来自市场竞争和内部员工惰性而形成的压力，如果没有止动力或止动力不足，企业就会下滑；为使企业在斜坡（市场）上的位置保持不下滑，就需要强化内部基础管理这一止动力，如图 3-1 所示。

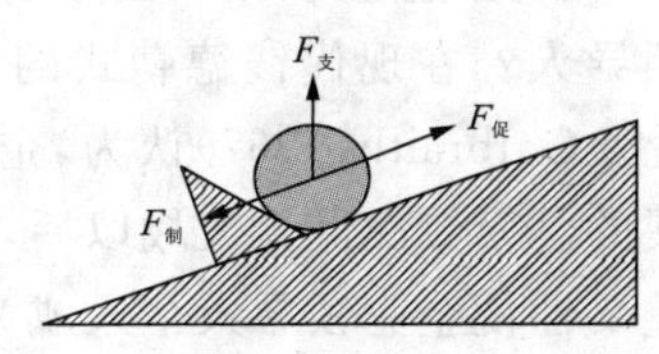

图 3-1 海尔的斜坡-球体模型

这个模型用斜坡和球体来反映企业和市场的关系是非常合适的，本书借鉴了这种方法，用企业领导人-斜坡-球体模型反映企业领导人、企业组织和企业环境之间的关系，如图 3-2 所示。

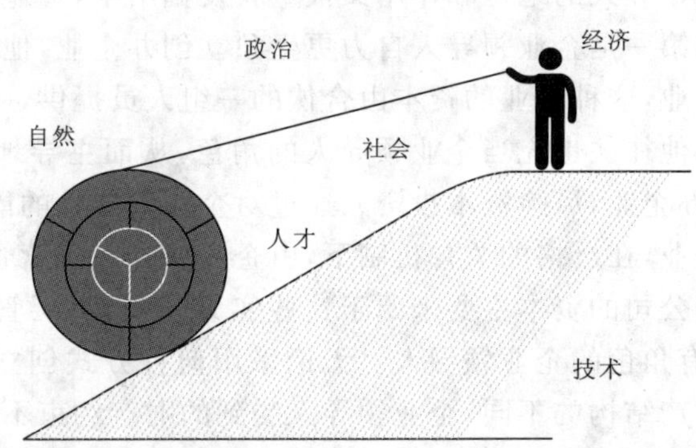

图 3-2 企业系统的企业领导人-斜坡-球体模型

球体代表企业组织，斜坡代表企业组织所处的环境。企业组织在环境中生存和发展如逆水行舟不进则退。企业组织要生存和发展必须与环境交换资源，而环境中资源的有限性和稀缺性说明企业组织获取资源的难度，我们定义环境对企业组织前进方向的阻碍为环境的阻力，这种阻力用斜坡来表示。斜坡角度的大小代表环境对企业阻碍作用的大小。当然，环境对企业发展的作用也不总是阻碍的，有时也会促进企业的发展，这个时候，斜坡的角度可以是小于零的。从企业管理的角度，斜坡也代表管理的难度，企业组织随时随地可能向相反的方向发展，要求企业管理领导人必须时时监控企业的运行，不能有丝毫的松懈。用球体代表企业组织的用意有 4 个方面：第一，球体运行的方向是全方位的，所受到的合力决定了未来的方向；第二，球体滚动摩擦比较小，也是企业组织自适应的一种比较好的发展方式；第三，企业组织其内部结构如果没能形成完整的球体，运行起来将形成障碍；第四，企业的规模对企业成长的影响用球体在斜坡的方式表示也比较贴切。

3.2.2 企业领导人与企业组织的关系

企业领导人创办了企业组织，也通过企业组织来实现自己的人生价值和社会价值。企业领导人通过企业组织得以延伸自己的“四肢”，企业领导人必须对企业组织这个“四肢”加以协调，只有协调得当，才可以完成更多的任务，否则可能起相反的作用。

(1)企业领导人对企业组织的作用。

企业领导人是企业组织的创办者、经营者、投资者，也是企业组织的主要控制者，是企业运行风险的主要承担者，同时也是经营收益的主要受益者，是企业组织文化及经营思想的主要来源，因而企业领导人对企业的影响是巨大的。

首先,企业领导人创办了企业组织。到底是企业领导人创造了企业还是企业创造了企业领导人?在现代钱德勒式的工商企业出现之前,这个问题是清楚的,即企业领导人创造了企业。Galbraith(1967)认为,企业领导人就是公司,或者说企业是围绕企业领导人而创立和发展的。第二次世界大战以后,随着现代大型工商企业的出现,职业经理人及其所在控制公司的重要性使企业领导人个人成为不太引人注目的研究对象。对职业经理人的重视上升到了空前的高度,甚至认为他们才是推动企业创立和发展的根本力量。20 世纪 80 年代以后,随着传统产业的成熟和转移,在美国掀起一股以新经济为主要内容的创业高潮。出于对创办自己的企业的渴望,创业者或企业领导人的地位和作用又被重新发掘出来,日益受到社会的重视。创立新企业一般有 4 种方式:第一是企业领导人自力更生独立创办企业,他主要依靠自己的资本和能力;第二是合伙创办企业,这种企业的资本由合伙的一组人员提供,一般来讲,这些合伙人员中有一个主要的出资者,他往往也充当企业领导人的角色,从而主导地推动企业的运行;第三是由风险资本支持的新办企业,风险资本投资人通过对企业领导人的能力、组织和特定市场机会的评估,将资本投入企业,在严格的监督机制下,由企业领导人经营管理企业;第四是由实力公司投资兴办新企业,新公司的资本主要来源于这些实力公司,高层管理人员也由其委派,在这里我们看不到资本拥有角色的企业领导人。无论采用何种方式创立新企业,均无法脱离企业领导人,只不过由于财产结构的不同,企业领导人受到的财产约束不一样而已。

无论从企业创立的历史或者新企业创立方式来看,我们均发现是企业领导人创造了企业,并决定着企业的性质和发展的方向,而不是相反的情况。

其次,企业领导人主导着企业的成长。企业周期理论揭示了企业成长的阶段性规律,在企业生命周期的不同阶段,企业所面临的问题和任务是不相同的,表现为不同的周期性特征。当一个企业发展阶段结束后,企业就进入了下一个发展阶段,通过变革去适应新阶段发展的需要。在每个阶段的变革中,靠执行层面的职业经理人是很难完成的,因为这种变革的方向是打破旧秩序并建立新秩序,包括职业经理人在内的各行为主体的既得利益会不同程度地进行调整,而变革成败的关键是职业经理人,他们受到的冲击相对于其他主体会更大和更强烈,可能遇到的阻力也越大,因此,这项任务只能由企业领导人才能完成。

Bhide(2000)详细地阐述了两类企业的起源和发展,一是机会主义的企业,另一类企业是革命性的创新企业。他认为:只有企业领导人才具备企业变革的能力和意志,他用大量的统计数据和案例证明了企业领导人在企业起源和发展过程中的主导作用,并将企业领导人视为企业成长的关键。

企业周期理论和 Bhide 的研究成果均为我们证实了企业领导人在企业成长中的主导作用。

最后,企业领导人是企业运行风险的主要承担者和运行收益的最后受益者。企业组织运行的结果,与企业领导人的决策水平、管理能力等素质有直接的关系。因为企业领导人是企业的创办者、投资者也是控制者,所以企业领导人承担了企业运行的结果,无论好坏。

(2)企业组织对于企业领导人的作用。

企业组织对于企业领导人来讲是实现其抱负的工具、是企业领导人能力的延伸、是企业领导人行驶权利的着力点,也是企业领导人成就的展示。

任何一个领导人要把自己的理想和目标变为现实,就必须有一个组织作为他的工具,以推动其理想和目标的达成。理想和目标有多大,这个组织就需要有多大。相对于一个有理想、有目标的领导人而言，组织就是这个领导人延长了的“四肢”，独立于他的身体之外，而又在他意志要求的范围之内。由众多人构成的组织，直接服务于组织领导人的意志目标和价值判断，众多人的手脚也就都成了领导人的手脚延伸。并且，一个企业领导人最终能否获得充分的成功，并不是简单地看他所控制的物质资源规模及他个人理想的大小，而是在于他把这个组织当成自己延长了的“四肢”进行协调、运行，发挥其作用的能力的大小。

因为拥有了对组织的控制权，也就意味着他能够通过这个组织来实现其理想和目标。各种党派政治组织是如此，作为经济组织的企业也是如此。

企业领导人也有他的理想和目标，但这种理想和目标首先反映的是企业投资人对利润回报的追求，企业的存在必须首先满足这一目标要求。只有这一目标要求满足后，其他理想、信仰才有价值。企业是建立在投资人的投资这一意志行为基础上的。松下幸之助是一个非常有社会责任感的企业领导人，他把企业存在和发展的目标，直接定义为对社会的贡献和责任，但其前提却仍是企业本身的赢利和发展。人类社会发展到今天，虽然不能再说企业的意志就是资本的意志，但资本对企业的统治力量仍是强大而残酷的。资本的力量要发挥作用又离不开企业这个组织，一方面，由企业领导人来推动这个企业的成长；另一方面，这个企业的成长反过来又提升企业领导人的影响力和他所控制资源的规模。一个企业领导人最终能否获得充分的成功，最终在于他协调这个组织，把这个组织当成自己延长了的“四肢”进行协调、运行，发挥其作用的能力大小。企业领导人能够把他所领导的组织协调好，这个组织就能够起到延长其自身“四肢”的作用，不仅可以实现其越来越大的理想和目标，而且也会使这个组织不断壮大，从而使自己的这种延长的“四肢”越来越长。相反，如果不能有效地协调这个组织的运作，这个组织就不可能起到这种作用，甚至还会变成拖累自己的负担，消耗自身的体力。

根据以上分析，可以得出企业领导人和企业组织的关系是：企业领导人创办并主导企业的发展；企业领导人的成就往往是以其企业的规模来体现的；企业领导人把企业组织协调得比较合理，企业领导人可以往更高的目标迈进；相反的话，企业组织也会拖累企业领导人的发展，因此，我们用企业领导人站在一个比较高的平台引领企业的发展这个模型表示企业领导人与企业组织的关系。

企业领导人与企业组织的联系用操纵杆来连接，一方面，企业领导人可以操纵企业组织，企业组织的状况也会反作用给企业领导人；另一方面，企业领导人和企业组织在大的环境里面是一个不可分割的整体，企业领导人带领企业适应环境的变化。

通过这个模型，我们可以看出企业领导人与企业组织是两个独立的、有连接的系统，它们之间没有从属关系，他们各自都有自身不同的发展规律，在企业发展过程中，企业领导人能力必须与企业组织规模相匹配，能力高的企业领导人与规模小的企业组织或者能力低的企业领导人与规模大的企业组织都可能不利于他们之间的协调，这也就需要企业领导人要不断学习以适应企业组织的成长。

通过这个模型，我们还可以看到，一般情况下，在企业成长问题上，企业领导人与企业组织的目标是高度一致的，企业组织是实现企业领导人远大抱负的工具，企业领导人是为实现组织目标服务的。

3.2.3 环境与企业组织的关系

环境是企业组织赖以生存的基础，企业组织作为大环境的一份子对环境也有改造的作用，他们之间的关系可以从以下几个方面来分析。

(1)环境对于企业组织的作用。

环境是企业组织赖以生存的基础。首先,一个组织是否应组建,要根据所在的环境、社会需要和可能条件来决定。离开社会需要,企业组织的存在就失去了意义。其次,企业组织要开展工作,就必须筹集各种生产要素——人、财、物,但这些都需要从外部环境中获得。再次,组织的产出——产品和劳务,又必须拿到组织的外部环境去进行交换,才能获得收益,维持和扩大其生产经营活动。

外部环境影响到企业组织内部的各种管理工作。环境对组织中的各种管理活动都会产生不同程度的影响。比如,外部市场竞争的加剧,要求企业重新调整内部各部门的分工协作关系以提高竞争能力;文化教育的普及和劳动力素质的提高,要求企业领导者采取新的激励制度和措施,以满足职工的高层次的需求。企业管理者必须对可能影响企业管理工作的各种因素加以明确、评价,并作出反应。

外部环境对于企业组织的管理工作质量、效益水平有重要的影响和制约作用。对于一个企业组织来说,其管理工作质量的好坏和效益的大小,首先取决于良好的外部环境。国家政策稳定,总体教育水平高,市场发育健全,法律政策齐备,则会促进组织的管理工作质量和效益的提高。否则,会造成管理工作困难,甚至混乱,效益低下。其次取决于管理者是否重视环境、适应环境,是否根据环境的变化做出正确的决策。企业领导人要分析并把握外部环境变化的规律,认清外部环境中的机会和挑战,促进管理工作质量的改善和效益的提高。

(2)企业组织对环境的反作用。

环境是多变的,如果企业组织单纯被动地适应环境,将永远无法跟上环境变化的速度。从环境发生变化到组织识别出这种变化并采取相应的措施,存在着时间差,也就是说,组织采取的措施往往要滞后于环境的变化。这就要求,在处理组织和环境的互动关系上,组织首先要主动了解、认识环境,在此基础上主动适应环境的变化,寻求和把握组织生存和发展的机会。但是,组织也不能只是被动地适应环境。很多企业发现市场上某种商品畅销,便立即组织力量生产,产品生产出来之后,却发现市场已趋于饱和,结果造成生产能力的大量闲置。因此,组织必须设法主动地选择环境,改变甚至创造适合组织发展所需要的新环境。只有这样,才能在激烈竞争的环境中实现生存与发展。一味地被动适应只能导致组织的消亡。

企业组织可以反作用于环境。反作用的方式包括通过广告手段来影响环境、签订有利的长期合约、与其他企业组织经营管理方面的合作、影响政府和权力机关的决策行业等。

通过以上分析,我们可以得出环境与企业组织的关系:环境是企业组织赖以生存的土壤;企业要发展必须从环境中获取超额的回报;企业组织对环境也存在反作用。环境对企业组织的影响是全方位的,无时无刻都存在的,所以,我们将环境与企业组织和企业领导人的关系用图 3-2 的模型表示。环境对企业组织的影响存在有利于企业组织发展的成分,也存在不利于企业发展的成分,但是,环境中的资源是有限的,环境不可能同时支持所有企业组织的发展。总体上来讲,环境的供给和企业组织的需求之间是矛盾的,所以,环境对企业组织的作用是阻碍的。企业领导人除了要带领企业组织前行外,还要确定企业组织下一步的方向,企业领导人必须时刻关注环境中的机会,所以他必须站在更高的位置来审时度势。

企业领导人-斜坡-球体模型让我们将影响企业生存和发展的 3 个主要因素(企业领导人、企业组织和环境)联系起来。企业领导人、企业组织及环境都有各自的发展规律,都是以企业组织为着力点。企业组织要发展,必须协调好这 3 个因素自身发展与企业组织发展的关系,只有企业组织整体的受力与前行方向一致时,企业才能发展。

3.3 企业组织的分层结构球体模型

企业的结构决定了企业组织的功能,结构的缺失会造成企业功能的失效。

3.3.1 企业组织的功能

功能,指事物或方法所发挥的有利作用、效能。《汉书·宣帝纪》:"五日一听事,自丞相以下各奉职奏事,以传奏其言,考试功能。"

管理学对功能的定义是对象能够满足某种需求的一种属性。凡是满足使用者需求的任何一种属性都属于功能的范畴。满足使用者现实需求的属性是功能,而满足使用者潜在需求的属性也是功能。功能作为满足需求的属性便带有客观物质性和主观精神性两个方面,称为功能的二重性。功能与功能载体在概念上有分有合,Miles(1947)在创立价值工程时就提出:顾客购买物品时需要的是它的功能,而不是物品本身,物品只是功能的载体。

功能的特性是指对功能的定性、定量的描述。商品的功能特性一般可包括 3 个方面:品质、能力和款式。企业组织的功能特性可以包括机构、制度和执行。

企业组织应该有哪些功能?企业组织的功能可以简单理解为企业组织要为客户和内部员工做哪些事,或者说要解决哪些问题。

(1)企业要生存和发展必须有可以与环境交换的产品、技术或者服务。满足客户这些需求,企业组织需要有相应的功能。首先,发现客户这些需求需要市场与营销功能;其次,需要有开发这些产品和技术的研究与开发功能;最后,还需要有复制这些产品和技术的生产与制造功能。

市场营销对企业的作用:韩顺平和王永贵(2006)通过对企业资源理论、动态能力理论、组织学习理论和市场营销理论进行的综合梳理和分析,得出包括市场营销能力、企业绩效、权变因素和组织学习导向 4 个组成部分的有关市场营销能力及其绩效影响的概念模型,认为通过创造和交付优异的顾客价值,市场营销能力可以使企业通过更好地满足顾客的需要获得卓越绩效。许正良和王利(2007)提出,企业营销能力由营销文化、营销学习能力和营销运作能力组成,其各组成要素之间存在作用关系并对企业绩效产生显著影响。

研究与开发对企业的作用:Crepon(1998)等研究了企业研究与开发的创新效应进而创新的生产率效应,得到主要结论,即企业从事研究与开发的概率随企业规模、市场份额、多样化、需求拉力及技术推力的上升而上升;企业从事研究与开发的密度与其他变量正相关,但要除企业规模外;企业的创新产出随研究与开发的密度、需求拉力及技术推力指数的上升而上升;在控制了劳动力中技术工人的比重和物质资本密度变量后,企业的生产率与创新产出正相关。Heshmati(2006)等讨论了企业研究与开发和绩效的因果关系和反馈机制,通过对瑞典数据的分析发现,研究与开发是企业未来利润、就业、销售及增加值等变量增长的良好预测指标,利润、销售和增加值的增长率则是未来研究与开发密度的良好预测指标,研究与开发和生产率之间存在着高度显著的正相关关系。

生产与制造对企业的作用：孔昭君(1991)指出企业生产技术的提高是国民经济现代化的基础与前提，就企业自身生存与发展看，唯有技术进步才是摆脱市场疲软、走出低谷以实现进一步发展的根本出路。

(2)为了满足客户对产品和服务多样化的需求，企业组织需要做出决策，包括做什么、什么时间做、谁来做、能不能做、需要动用企业哪些资源等。这样的安排就需要企业的计划与决策的功能，哪些人来做涉及到人力资源的功能，这些人怎么分工涉及到组织结构功能，动用多少资源来做涉及到企业的财务及控制的功能。

计划与决策对企业的作用：最早系统提出管理职能的是法国的 Fayol(1916)，他提出管理的职能包括计划、组织、指挥、协调和控制，其中他特别强调计划的重要性，认为计划是管理的第一要素。被世人称为“管理之父”的 Herbert Alexander Simon(1947)认为，管理活动的全部过程都是决策的过程。确定目标，制订计划，选择方案，是经营目标及其计划决策；机构设计，生产单位组织，权限分配，是组织决策；计划执行情况检查，在制品控制及控制手段的选择，是控制决策。决策贯穿于整个管理过程，所以他认为管理就是决策。

人力资源对企业的作用：Huselid(1995)通过对美国 968 家企业的调查研究，发现人力资源管理系统的测量值同企业人均销售额、人均市值存在显著相关关系。Wright(2003)研究表明，人力资源管理影响员工对组织的承诺，组织承诺同企业绩效存在正相关关系。范秀成和英格玛·比约克曼(2003)通过对 62 家外商投资企业的调查，分析了人力资源管理实践与企业绩效的关系，发现企业绩效不仅同人力资源管理与企业战略的整合程度有关，且同企业使用的“高绩效”人力资源管理系统存在积极联系。

组织结构对企业的作用：钱德勒(1962)在《战略与结构：美国工商企业成长的若干篇章》中，探究了美国大企业的成长及其管理组织结构如何被重新塑造以适应这种成长，全书贯穿了没有结构调整的增长只能导致无效率的观点。钱德勒(1977)在《看得见的手——美国企业的管理革命》中，探讨了美国企业诞生、壮大过程中的关键变化，即等级制管理团队的出现和经营权与所有权的两权分离。在 1994 年，他在《规模与范围：工业资本主义的原动力》中，通过论述 19 世纪 80 年代到“二战”结束期间美、英、德 3 国企业兴衰的原因，提出了“组织能力”的概念。钱德勒长期关注企业组织结构和企业成长的关系，其研究凸显了企业组织结构对企业绩效的影响。

财务与控制对企业的作用：Higgins(1998)指出：“从财务角度看，增长不总是上帝的恩赐。一方面快速的增长会使一个公司的资源变得相当紧张，因此，除非管理层意识到这一结果并且采取积极的措施加以控制，否则，快速增长可能导致破产……我们了解到，通过提供人们所需要的产品，那些增长过快的公司已经经过市场的考验，它们之所以失败仅仅是因为缺乏适当管理它们公司增长的财务智慧；另一方面，增长太慢的公司也有不同但同样紧急的财务利害关系。”闫永海(2003)也认为，企业的财务及控制对企业的绩效乃至可持续发展有着极为重要的作用，这不仅因为企业可持续发展是以稳定持续的资金流为基础，若企业资金流不能正常进行，轻者会影响企业发展，重者会使企业破产倒闭，还因为企业财务具有优化配置资源功能，对企业核心竞争力的培育具有极其重要的作用。

(3)在不确定的环境中，企业要生存下去并持续壮大，必须树立起自身的价值理念，同时能说服所有员工按照一个统一的方向去行动，从而超越竞争对手，这样才更有可能获得未来。企业文化、安全与环保、企业治理结构关系到企业领导人的思想、分享精神、对员工安全及对社会负责任的程度。

企业文化对企业的作用:Kotter(1992)通过对美国22个行业中72家公司的企业文化和经营绩效的分析,认为企业文化对其长期的经营业绩有着深远影响,而且可能成为决定企业兴衰的关键因素。Cameron(1998)等指出企业文化整合、文化力量对企业经营效益有着显著的影响。刘志雄和张其仔(2009)分析企业文化对公司绩效的影响,他们基于对上市公司数据分析的研究表明,企业文化强势的企业通常具有较好的绩效,由此得出企业文化是竞争优势的重要来源并有助于提升绩效的结论。

公司治理结构对企业的作用:Berle 和 Means(1932)比较早地研究了股权结构和公司绩效之间的关系,他们通过对美国最大的200家非金融公司的考察,得出了"所有权与控制权分离"的命题,指出分散的股权结构对公司绩效具有不利影响。Habib(1993)提出一定程度的股权分散有利于公司价值的提高。Morck 等(1988)用托宾 Q 值作为公司绩效指标,用管理者股份比例作为股权结构指标,他们发现:在公司内部股东持股比例达5%之前,托宾 Q 值随内部股东持股比例的增加而增加;然后,托宾 Q 值随公司内部股东持股比例的增加而下降,直至内部股东持股比例达25%;最后,当公司内部股东持股比例超过25%时,托宾 Q 值随内部股东持股比例的增加而缓慢增加。

安全与环保对企业的作用:我国宪法和安全生产法明确规定了从业人员的权利、企业的安全生产保障义务等,企业必须遵守安全生产的相关法律。企业要生存发展,无疑需要取得良好的经济效益,如果企业不加强安全环保的管理,一旦发生事故,损失的可能不仅仅是经济效益,更可能危及企业的生存。

以上我们分析了企业的10项功能,这10项功能的有效实施可以基本满足客户的需求。我们可以将企业组织的10项功能分为3个层次,第一层的功能主要是满足客户的需求,我们称之为业务层功能;第二层的功能主要是保障第一层功能的开展,我们称之为保障层功能;第三层的功能主要保障前两个层次的持续开展,属于企业理念方面的内容,我们称之为理念层功能。

3.3.2 企业组织的分层结构球体模型

我们说企业组织是一个智能体,一方面接收企业领导人的指令,一方面也能自行运转。企业组织能自行运转和自觉适应的能力是由其内部的结构决定的。

关于企业组织的功能结构,Henderson (1994)将企业能力分为组件能力和架构能力两个层次,其中,组件能力指的是企业单个单元的工作能力,而架构能力则指的是组件之间的合作效率因素。张源(2005)将企业的系统分为5层,如图3-3所示。

祝锦祥和戴昌钧(2014)将企业能力分为主导能力层、动态能力层和职能能力层(也称基本能力),并得出3点结论:第一,企业的主导能力层从上往下作用于企业的能力体系,实现企业成长,居于企业主导能力层的,包括企业文化能力、企业发展战略及决定企业治理结构设计等能力,是决定企业存在和发展方向的内容;第二,能力体系的作用则由主导能力层影响到动态能力层,最终通过职能能力层实现企业价值和成长目标;第三,企业分层能力系统具有层次性、系统性和适应性变化等特点。这种企业能力分层次构造的方法值得借鉴,但是,3层能力的分类方法很难体现能力之间的互动,如图3-4所示。

企业功能的有效实施,必须有相应的结构作保证。为此,根据企业组织的这10项功能,我

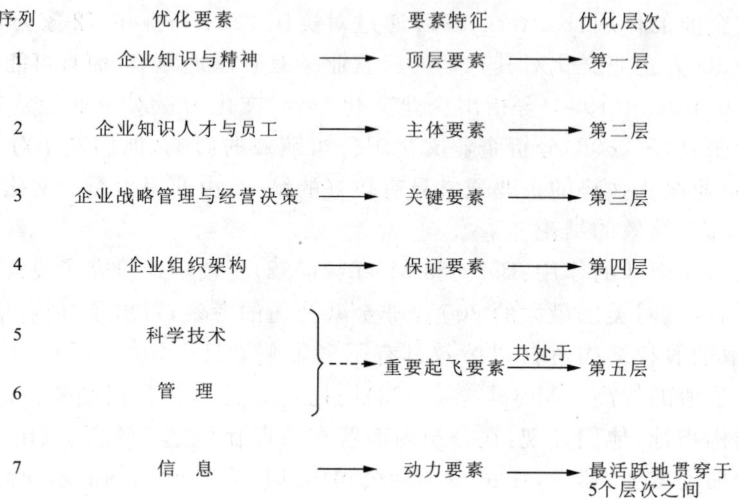

图 3-3　企业的分层结构模型(据张源,2005)

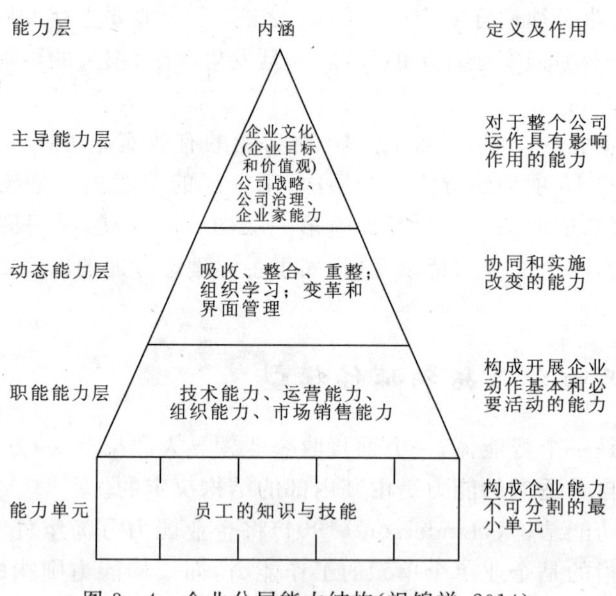

图 3-4　企业分层能力结构(祝锦祥,2014)

们设计了企业组织的分层结构球体模型,如图 3-5 所示。

企业的分层结构球体模型分为 3 层:企业理念层、保障层和业务层,其中企业理念层居于球体的核心,保障层居于中间层,业务层居于球体的外层。如果用生物体来比喻的话,理念层相当于生物体的大脑,保障层相当于生物体的躯干,业务层相当于生物体的四肢。

这种结构的组织具有自组织的特点。

第一,开放性。从分层结构球体模型和企业与环境的企业领导人-斜坡-球体模型可以看出,企业组织与环境可以充分交换产品、技术和服务,交换过程中,如果输出超过输入,企业组

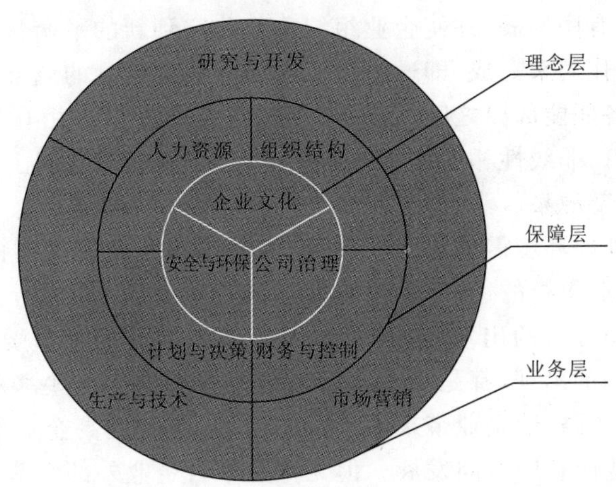

图 3-5　企业组织分层结构球体模型

织的规模就壮大，否则，企业的规模就萎缩。企业组织的这种开放性是企业生存和发展的前提。

企业内部不同层次及功能子模块都是一个开放系统，它通过与组织整体的交流形成完整的对外活动统一体。这表现在企业虽然经过长期分工、部门化、分权等造成不同子功能模块的分化，形成了企业内具有相对独立性的功能模块，这些功能子模块得以发挥效力的前提是它们之间必须能够相互合作、协调利益和行为，听从某一共同的指挥中心的指挥，因此，功能子模块的相互配合、相互依存是企业组织整体功能实现的必要条件。

各子功能模块的开放性还表现在子功能模块具有相互主动适应的能力。当企业内某一子功能模块因突变而功能变强时，相关子功能模块能在企业组织做出统一调整之前，部分地替代被破坏的子功能模块，以维持企业组织的正常活动。

企业内各子功能模块的开放性还表现在子功能模块虽然服从企业组织的统一要求，但仍然保留了个体的利益、独立性和活动能力，这一特征造成子功能模块对企业组织整体的变异能力。构成企业组织的最基本、最重要的要素是人，企业内的人按照企业业务类别和由此形成的活动差别，组成了具有一定责任和功能的子模块。企业内部子功能模块对企业整体存在变异倾向和变异现实，使得企业组合常常处于不平衡的变动之中。这种变异一方面是造成企业死亡的重要原因，另一方面正是由于子功能模块与企业组织整体的这种离异，企业才可能在发生突变时继续保持着旺盛的生命。

第二，远离平衡态。球体(企业组织)与斜坡(环境)在坡度为零的情况下，它们的接触是点接触，意味着不稳定。在坡度大于零的情况下，企业组织的不稳定可想而知，这个时候为保持稳定且往前运转，需要企业组织自身有顺时针方向(以图 3-5 所示方向为例)的速度或者有企业领导人的牵引力。企业组织整体的不稳定势必带来其内部子功能模块的不稳定。企业组织的这种状态，平衡是暂时的，远离平衡是常态。企业组织的这种状态，必须在前进方向上有大于零的合力作用，企业组织才有往前运行的可能，否则只能是往相反的方向运行。这也预示着企业管理是一项持之以恒的工作，就像拧螺丝一样，拧松容易、拧紧难。

第三，非线性的相互作用。企业组织的这种结构，功能层之间、功能模块之间的边界和相互作用都是非线性的。开放性和非平衡为组织朝着有序的耗散结构发展提供了必要的条件。但企业组织要从无序向有序发展，并使企业组织重新稳定到新的平衡状态，还必须通过组织内部构成要素非线性相互作用来完成，即通过组织内部非线性机制的调节获得自我完善。

企业上下级之间、各职能部门之间、各员工之间都存在复杂的相互作用和反馈机制，这些反馈通常也是非线性的。非线性相互作用导致企业组织时间上、空间上对称性的破缺，因而是企业组织有序发展的内部源泉。

第四，涨落现象。外部环境需求的变化、新技术的出现和政府规制的变化，都是影响企业发展的外部涨落力。企业组织的这10个模块发展的不均衡引起涨落，比如，企业内部员工的新发明和创新，新的管理方式的出现，引进一个对企业发展有至关重要作用的技术型员工和CEO，新的公司治理结构的出现，都是企业发展的内部涨落力。这些涨落力具有随机性，常常推动企业走向新的发展道路，给企业带来更广阔的生存空间，提高企业能力，促使企业获得新的竞争优势，从而使企业向有序方向发展。但无论是来自企业外部涨落力还是内部涨落力，都必须是建立在企业开放和远离平衡态前提下，通过企业组织内部功能子模块的非线性相互作用，实现企业向更高层次的发展。

企业中涨落是随机的，没有准确的发生时间，随时都可以发生，也没有确定的方向。它既可能是有利于企业组织自组织协同的涨落，也可能是不利于该方向发展的涨落。涨落和突变与发展关系较大。自催化或自复制现象大量存在于非线性系统之中，可以使微小的涨落在一定条件下不断放大，成为引起企业组织相变的巨涨落，促使企业组织从某无序状态转变为有序状态。

第五，自组织。企业这种结构在运行中，每个功能子模块都能自发地调整自身的运行以适应企业组织整体的运行。所有子模块自身都在运行，层与层之间也有相对运动，这些运动在组织结构内部完成。这些运动与企业组织整体行为的一致性代表企业组织内部的有序程度。所有子模块自身运行和层间运动所表现出来的整体行为才是企业组织的行为。

根据以上分析，我们可以得出，企业成长就是企业状态不断改变的过程，这个改变包括“质”和“量”两个方面。企业发展“质”的改善，表现在企业功能模块之间的有序程度的提高，功能模块之间能耗的减少，从而企业发展自然更加顺畅。企业发展“量”的提高，表现在组织规模的扩大。按照企业组织的分层结构球体模型，企业组织的发展就是球体体积的变大，而这种变大，需要企业组织的10个功能模块共同变大，如果只有其中某些模块的变化，企业组织的球体结构就会发生变化，在运行过程中就会转不动，同样也会引起内耗。

根据企业组织的分层结构模型，我们还可以看出，企业组织就是在功能模块发展的不均衡—均衡—不均衡循环往复的过程中发展的。比如说，企业开辟了一个新兴市场，企业市场营销的功能加强了，如果这个时候其他功能模块得不到加强的话，原先比较完美的球体结构被打破了，企业球体运转的速度可能会更慢，这就需要其他模块同时得到加强，再次形成完美的球体，企业组织才会运转得更好、更快。

本章小结：为了更好地分析企业的成长，我们把企业领导人从企业组织中独立出来，设计了企业与环境关系企业领导人-斜坡-球体模型。根据企业的功能，设计了企业组织的分层结构球体模型，分析了这种模型的自组织特征。

本章的分析为后面分析企业成长模型和民营企业成长评价奠定了基础。

4 企业生命力视角下的企业成长模型

本章重点分析企业成长的序参量及企业生命力对企业成长的作用原理，推导企业成长状态量与企业生命力的函数关系。

4.1 相关概念

4.1.1 企业成长

潘罗斯(1959)认为，企业的成长是一个过程，规模是一种状态，成长过程的结果是大规模化，她这里所称的规模就是企业的销售规模。Hicks(1966)则认为，组织的成长，就是规模扩大或者是向预定目标移动。国内学者毛蕴诗认为，习惯上，成长是指企业原有业务规模扩大。钱德勒(Chandler,1987)认为企业成长是企业组织能力的增强与市场范围的扩大。杨杜(1996)、李占祥(2000)等认为，企业成长包含着两层涵义：一是量的扩大，即经营资源单纯量的增加，表现为资产的增值、销售额的增加、盈利的提高、人员的增加等；二是质的变革与创新，即经营资源的性质变化、结构的重组、支配主体的革新等，如企业创新能力的增强、对环境适应能力的增强、资源结构的改善、事业领域的变化、竞争地位的强化、组织变革等，与量的扩张无关的结构性变化，同样也是企业的成长。

以上分析可以看出，企业成长包括企业功能的增强、企业规模的增长、企业结构的改进、企业要素质量的提升以及环境适应能力的增强 5 个方面的全面成长，而这 5 个方面的成长都可以用企业生命力来度量。

4.1.2 序参量

序参量是协同学中的重要概念。Haken Hermann(1969)认为，单个组元就像由一只无形之手促成的那样自行安排起来，但相反正是这些单个组元通过它的协作才创造出这只无形之手，我们称这只使一切事物有条不紊地组织起来的无形之手为序参量。如果某个参量在系统发展过程中从无到有地变化，并且能够指示出新结构的形成，反映新结构的有序程度，它就是序参量。序参量既作为描述自组织系统有序演化的机制，又作为描述自组织系统有序演化过程的一个参量，一旦通过要素的相互作用而产生，就会支配要素的行为。

序参量在自组织系统演化过程中起着十分重要的作用。通过对子系统的支配或役使作用，主宰着系统整体演化的过程，序参量本身又是由系统的其他变量形成的，这就是役使原理。系统相变过程是一个由系统状态变量形成序参量，序参量又役使系统形成其他状态变量的过程。系统只有在序参量的作用下，才能表现为有序演化。但是，序参量是描述系统有序程度的参量，而不是系统中某个占据支配地位的子系统。在描述系统状态的众多变量中，有某一个或某几个变量，在系统处于无序状态时，其值为零，随着系统由无序向有序转化，这类变量从零向正值或由小向大变化，用它可以描述系统的有序程度，这类变量就是序参量。序参量与系统状态的其他变量相比，随时间变化缓慢，也称慢变量。

协同学中的序参量有 3 个特点：第一，由于协同学研究的是系统的宏观行为，所以引入的序参量是宏观参量，用于描述系统的整体行为；第二，序参量是微观子系统集体运动的产物、合作效应的表征和度量；第三，序参量支配子系统的行为，主宰着系统演化过程。

4.1.3 企业生命力

关于什么是企业的生命力，到目前为止还没有定论，旷锦云（2012）在《企业生命力探索》中认为：企业生命力是指企业适应环境变化的生存和可持续发展的自组织能力。

笔者认为，企业生命力是企业组织在企业领导人的带动下，利用组织内部的调节机制，克服环境阻力后生存与发展的能力。生命力首先是“合力”（图 4－1），合力的作用点是企业组织，合力由多个力合成。生命力的大小和方向由这些分力的大小和方向决定，企业生命力的大小和方向决定企业成长的状况。

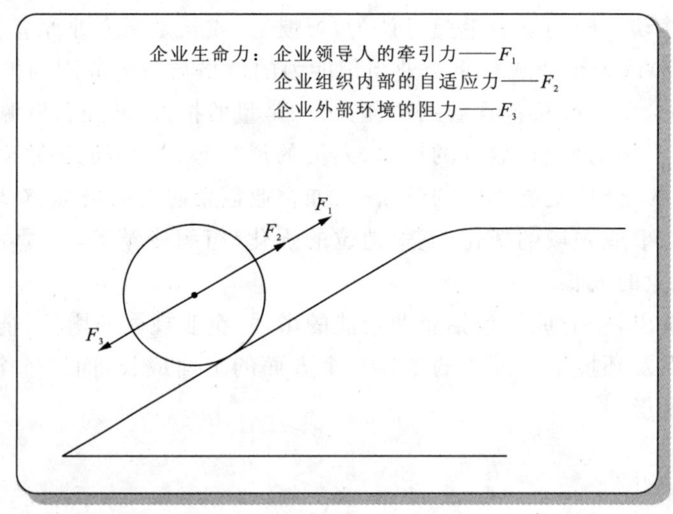

图 4－1　企业生命力的合成

根据上一章的分析，影响企业生存和发展的主要因素是企业领导人、企业组织及企业外部环境，我们可以把这 3 个方面的因素作用在企业组织上的力叫做企业生命力的分力，并根据它们对企业组织作用的性质，分别称为企业领导人的牵引力、企业组织的自适应力和企业外部环境的阻力。

用企业生命力指数来度量企业的生命力的大小，可以用下面的公式计算：$F=W_1F_1+W_2F_2+W_3F_3$。其中，F 为企业生命力指数，越接近 1，表明生命力越强，越小或者为负，表明企业生命力越弱；W_1，W_2，W_3 分别为 3 个分力指数的权重，且 $\sum_{i=1}^{3} W_i = 1$，F_i 为第 i 个分力指数，前面的符号为负表明阻碍企业的生存和发展，为正表明有利于企业的发展，原则上讲，3 个分力指数都可能为负。$F_i = \sum_{j=0}^{K} W_{ij} F_{ij}$，$i=1,2,3$，$W_{ij}$ 为 F_i 第 j 个要素的权重，且 $\sum_{j=0}^{K} W_{ij} = 1$，$F_{ij}$ 为 F_i 第 j 个要素的得分，$K+1$ 为该项分力的影响因素的数量。

企业的状态是企业生命力与时间的函数，即 $S(F, t, s_0)$，其中 S 为企业状态量值，F 为企业的生命力指数，t 为时间，s_0 为企业状态量的初始值。

4.2 企业成长的序参量分析

4.2.1 关于企业成长序参量的讨论

在企业成长的序参量认识问题上，有着许多不同的观点。

经济学家 Joseph Alois Schumpeter(1912)从技术变革对经济系统非均衡增长的影响出发，首先提出创新理论。熊彼特把创新归结为企业家精神，即企业家发现创新机会而行动的能力，认为“企业家”是“创新”、生产要素“新组合”及“经济发展”的主要组织者和推动者。可见，熊彼特所说的企业家精神就是企业成长过程中的序参量。

柯林斯和波勒斯(2003)认为公司是否有核心理念和追求进步的驱动力决定了公司是否基业常青。由此，我们可以看出，他所谓的核心理念和追求进步是企业成长的序参量。

杨忠直(2003)提出适应、遗传变异和自然选择是生物进化的决定性因素。适应是生物生存的要求，当环境变化使生物生存受到威胁时，生物只有通过变异才能实现，变异使生物具有新结构和新功能，这就出现了进化。而他认为，企业进化中的遗传变异就是创新，创新是推动企业进化的核心力量。

范明和汤学俊(2004)提出企业可持续成长能力是企业进化的序参量。企业可持续成长能力是产业、技术、制度和市场权力要素协同生成的产物，具有相对稳定性。可持续成长能力的变化驱使企业各子系统的演化。可持续成长能力是企业内部各能力子系统非加和的结果，而是通过自组织过程协同生成的。其次，企业可持续成长能力形成和提高后，直接影响到企业的产业构成选择和定位、企业研发投入和技术创新能力、管理制度的更新和完善、组织结构的调整、管理人员的培训和激励等。企业各要素的改善又反作用于可持续成长能力，促进企业的演化。

李柏洲(2005)认为企业家精神、创新、知识创造、持续成长能力、核心理念和追求进步的驱动力、问题、惯例等，这些参量都与组织学习基因有关，而组织学习基因这个参量可以用来解释企业家精神、创新、知识创造、持续成长能力、核心理念和追求进步的驱动力、问题、惯例等的产生，并对这些参量起着支配作用，他把组织学习基因作为企业发展的序参量。

企业系统的序参量要求能描述系统的整体行为，但以上文献所确定的序参量都只是企业生存和发展的手段和方法。

4.2.2 企业成长序参量的确定

究竟是什么样的力量在企业可持续成长能力的形成过程中起着决定性和支配作用呢？如果这个力量能够找到，那么这个力量应该就是主导企业成长的序参量了。

我们认为企业生命力才是企业成长的序参量。

首先，企业生命力是企业组织整体行为能力的宏观反映。通过前面企业生命力的定义，企业生命力是作用在企业组织上所有力量的合力，代表企业组织整体受力的情况，其大小和方向决定企业组织未来的发展快慢和方向。企业组织处于停顿无序状态时，企业生命力为零；只要企业组织不处于停顿状态，致使企业不停顿的企业生命力一定不为零；企业生命力的大小代表了企业组织有序的程度，企业组织整体有序程度越高，企业的自适应力就越大，企业的生命力就越大。

其次，企业生命力是企业组织内部子系统集体运动的产物、合作效应的表征和度量。通过前一章的分析，企业组织有 10 个功能子模块，这些子模块共同作用形成企业组织的自适应力，与企业领导人的牵引力及环境的阻力一起形成了企业的生命力。企业生命力代表了企业内部各子模块之间合作协调一致的程度、企业组织与企业领导人和环境合作协调一致的程度。

最后，企业生命力主宰企业组织整体发展的同时，促使企业组织各子模块适应企业组织整体的发展。企业生命力的改变促使企业发展状态改变，企业组织各子模块之间的非线性相互作用引起涨落，涨落的不均衡造成子模块发展的不均衡，从而引起企业生命力分力的变化，企业生命合力变化，循环往复，如图 4－2 所示。

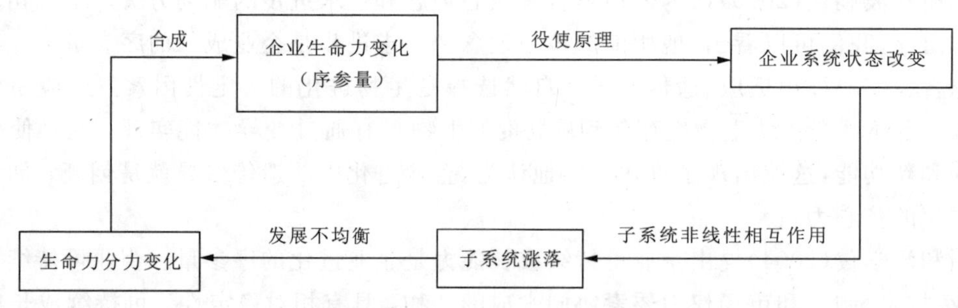

图 4－2 企业生命力引起企业状态改变示意图

以上分析，可以得出企业生命力是企业成长的序参量。

4.3 生命力视角下的企业成长模型

上面分析了企业生命力是企业成长的序参量，企业生命力促使了企业的成长，接下来我们将推导企业生命力与企业成长状态量之间的函数关系。

4.3.1 企业成长的动力和阻力分析

企业成长是在企业生命力的推动下完成的，从前面分析的企业生命力有 3 个分力，每个分力都有动力和阻力的可能。动力和阻力是依据企业的前进方向来确定的，与前进方向一致就是动力，否则就是阻力。

(1)企业领导人的动力和阻力分析。

企业领导人需要企业良性发展的渴望可以说是企业发展的源动力，李柏洲(2003)在其博士论文《企业发展动力研究》中分析企业家的动力的 5 个方面：工作本身带来的愉悦和成就感；成功带来的经济上的回报；自身能力和权力释放带来的满足感；员工、股东及社会的认同带来的受尊敬的享受。这些都是企业领导人对企业发展的不竭的动力源泉。

企业领导人的阻力：思想僵化、独裁、小富即安的思想、不学习、不思进取、对失败的恐惧、道德缺失等都是企业前行的阻力。

(2)企业内部组织的动力和阻力分析。

企业内部组织的动力是企业组织前行的力量源泉，没有企业组织自身的源动力，企业组织终将走向死亡。其动力表现在 5 个方面：第一，来自员工方面的，包括工作本身带来的愉悦和成就感；家庭、同事和社会的认可；经济上的回报等。第二，来自企业组织自身自稳调节系统，通过该系统企业会根据外部环境和企业领导人的牵引，自动适应企业的发展。第三，来自与企业的初始发展速度，企业发展在惯性的作用下，一定的初始速度让企业前行。第四，积极的企业文化。第五，包括股权激励在内的一切激励措施。

企业组织的阻力包括企业自身的规模、信息不对称带来的内耗、僵化的结构、消极的企业文化等。

(3)外部环境的动力和阻力分析。

我们定义外部环境对企业的作用力为阻力，但并不一定来自环境的力量全是阻力，其中也有大量的动力因素，包括市场对企业提供产品和服务的需求、政府对企业做大做强的扶持、法律方面对全民创业及私有财产的保护、技术及人才需要企业来接收等。

外部环境对企业发展的阻力包括同行竞争对手的挤兑、市场及自然环境的容量限制、政府及社会资源的有限性等。

4.3.2 生命力视角下的企业成长模型

关于企业的成长，国内学者李柏洲、杨文斌和王英等都做过精辟的分析。

李柏洲(2002)认为企业的成长是在合力的作用下从一个状态到另一个状态的过程，如图 4-3 所示。他用物理学物体运动的距离表示企业发展状态的改变，认为企业发展的状态增量与时间平方差成正比。

$$\Delta P = p(t_2) - p(t_1) = \frac{1}{2}a(t_2 - t_1)^2 = \frac{1}{2}\frac{F}{M}(t_2 - t_1)^2 \qquad (*)$$

其中，M 为企业的规模；F 为企业受到的合力。这种模型用了 F/M 表示企业组织在力作用下的加速度，但是企业的规模在力的作用下是不断变化(滚雪球模式)的，所以，这个模型没能反映出企业发展的动态性。

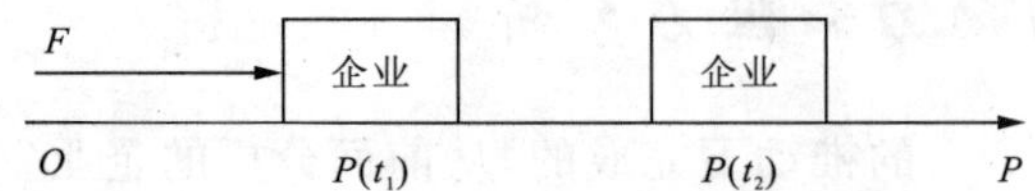

图 4-3　企业在力的作用状态的改变(据李柏洲,2002)

杨文斌(2006)将企业看成一个简单的一阶正反馈系统,如图 4-4 所示。

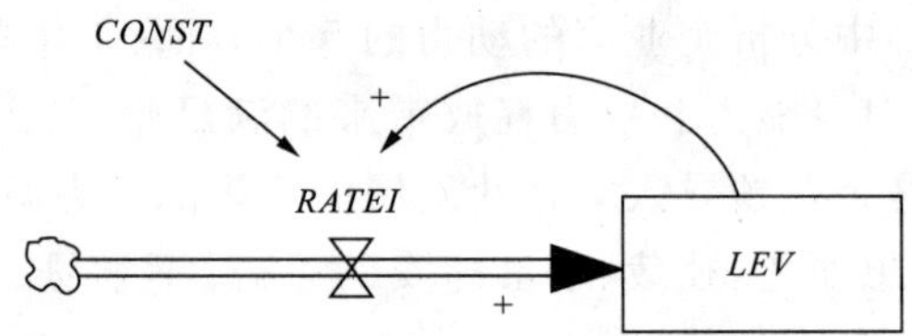

图 4-4　企业的一阶正反馈系统(据杨文斌,2006)

其中,*LEV* 是企业系统的状态量,其动态变化情况代表了该系统的动态行为特性,*RATEI* 是使得状态量发生变化的速率量;*CONST* 是比例常数。

$$\frac{\mathrm{d}(LEV)}{\mathrm{d}t}=RATEI \quad RATEI=LEV\times CONST$$

求解微分方程,得出企业发展的状态量:

$$LEV=LEV_0\cdot\exp(CONST\cdot t)$$

很明显,企业发展的状态量是时间的指数函数。这种模型与很多文献得出的结论是一致的,但是,这里的企业发展的速率量 *RATEI* 和比例常数 *CONST* 在企业发展过程中,很难理解其含义。

王英(1996)引入一个企业发展系数和企业的发展状态的概念,同样也得出企业状态量与时间呈指数变化规律。她认为发展系数为企业发展的有利于因素抵消发展的不利因素的净值,其与企业的结构有关。这种模型很好地反映了企业发展的阶段性和动态性,但其引入的企业发展系数和企业结构的陈旧系数在企业发展过程中很难理解其含义。

本书在参照上述文献后,建立企业发展的状态量与时间、生命力和初始状态的模型。

企业生命力分为 3 个维度,每一个维度都有动力和阻力的因素,将企业状态量的改变看成在动力引起的改变与阻力引起的改变的代数和。企业成长动力引起的状态量的改变与企业本身的状态量 $S(t)$、作用时间的长短 Δt 和动力指数 $f_{动}$ 有关;同样企业成长阻力引起的状态量的改变也与企业本身状态量 $S(t)$、作用时间的长短 Δt 和阻力指数 $f_{阻}$ 有关,不过这里的阻力中要考虑企业本身的规模对企业发展的影响,这个影响用 $g\cdot S(t)$ 来描述,g 为企业规模重力系数,g 与企业的规模和斜坡的角度有关。

$$\lim_{\Delta t\to 0}\frac{\Delta S(t)}{\Delta t}=\frac{\mathrm{d}S(t)}{\mathrm{d}t}=(f_{动}-f_{阻})S(t)-gS^2(t)$$

$$S'(t)=f\cdot S(t)-g\cdot S^2(t)$$

其中,f 为企业的实际生命力指数,且 $f=f_{动}-f_{阻}$;g 为企业的规模重力指数;$S(t)$ 为企业的状态值。

企业的生命力指数是一个慢变量，在短时间内可以看成是一个常数，但在企业成长过程中，它也是变化的，与作用在企业组织上的因素有关，随着作用在企业组织上的企业领导人的牵引力、企业组织的自适应力和企业外部环境的阻力的变化而变化。

解上面的微分方程，得到企业的发展状态与 t、初始状态值 $S(t_0)$ 以及企业生命力 f 的关系：

$$S(t)=\frac{f\cdot S(t_0)}{g\cdot S(t_0)-[g\cdot S(t_0)-f]\cdot e^{-f\cdot t}}$$

其中，$S(t_0)$ 为 $t=t_0$ 时的状态量值。

如果 $g=0$（从外部环境对所有企业的阻碍作用都是一致的情况来看），我们可以这样假设，或者 $g\approx 0$，则：

$$S(t)=S(t_0)\cdot e^{f\cdot t}$$

根据这个表达式可以清晰地了解到企业发展的状态值与企业生命力的关系：①$f>0$ 时，企业的状态值在初始状态 $S(t_0)$ 的基础上呈指数规律递增；$f<0$ 时，企业的状态值在初始状态的基础上呈指数规律递减；$f=0$ 时，企业的状态值不变。②企业状态量改变的速度与企业的生命力成正比例关系。

4.3.3 企业成长的规律

借助前一章的企业与环境的模型、企业结构模型及企业成长模型，我们可以分析企业成长的规律。

(1)成长一危机间隙性。

企业成长过程中各功能模块、企业外部环境以及企业领导人都会产生各种各样的波动，大的波动一般被看成是企业成长过程中的危机。Greiner(1972)就将企业的成长过程描述为成长与危机交替的过程。这一理论说明，企业成长的过程不会一帆风顺，不同时段会出现不同的危机，前面的危机克服了，企业就会进入下一个新的成长阶段。企业成长的每一个阶段所面临的危机是不同的，所需采取的克服办法也不同。

(2)有限增长性——企业生命周期。

企业的成长如同世界上许多事物的发展一样，受到其自身的生长能力和资源环境的制约，从而在某些特征上呈现出增长的有限性：在企业发展的初期和成熟期，因为企业结构的新生或者蜕变，企业生命力较小，增长速度较低；中期阶段增长速度最高，增长的总体过程呈现为“S”形曲线，即有限增长性，如图 4-5 所示。

(3)发展阶段性。

我们用企业领导人、斜坡和球体反映企业与环境的关系，在每次发展的起点都需要企业组织有足够的生命力方能“爬坡”到更高的状态，在“爬坡”的过程中，企业组织各功能子模块之间、企业领导人与企业组织之间、企业组织与环境之间都会消耗大量的能量，使得企业生命力的减小，到达阶段目标时，企业组织需要重新积累下一阶段的生命力。这就要求企业要有明确的阶段目标，在目标实现的过程中，要充分调动广大员工的士气等企业发展的动力因素，减少阻力因素，确保目标的实现。

(4)涨落推动下的突变性。

企业成长具有渐进性的一面，也具有突变性的一面。一般而言，与环境保持交换的企业，

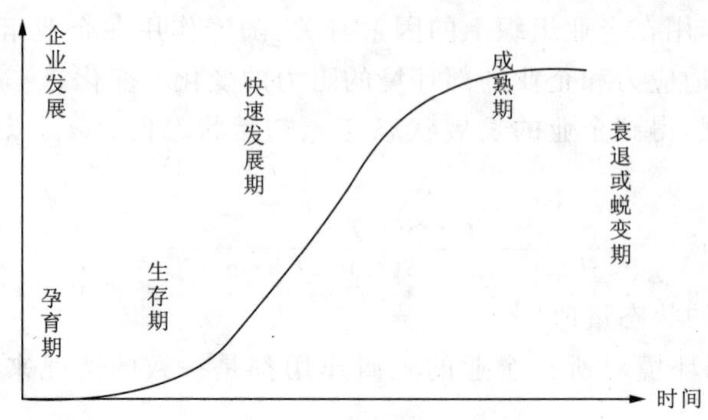

图 4－5　企业发展的有限性

连续的涨落会被吸收在给定的企业动力系统之内，此时企业组织就处于稳定态。可是，没有一个企业组织的结构是完全由自身来稳定的。当涨落超过某种临界尺度时，任何企业组织的结构都可能超过某种界限而进入新的有序。企业的非渐进性或非线性发展必须依赖涨落和由此导致的突变来加以推动。这一过程构成了企业生存与发展的、广义上的生命过程。

(5)企业成长的不可逆。

企业状态量是时间和企业生命力的函数，在时间和企业生命力确定的前提下，企业的状态量是确定的，时间过去了，企业生命力作用过了，企业的状态量就确定了，所以，企业要想在一定时间内提高企业状态量值，唯一的办法就是提高企业的生命力值。

(6)滚雪球式的发展模式。

企业发展是在原来的基础上发展起来的模式，我们称之为滚雪球模式。这种模式的特点：其一，后面的发展是以前面的规模为基础的，前面的基础很大，尽管发展较慢，企业规模增长的绝对值仍然很大；其二，企业发展过程中，企业内部不一定“结实”的结构在“阳光”下面可能引起企业组织功能结构的不稳定。

本章小结：本章通过对企业发展序参量的分析，提出了企业生命力是主导企业成长的序参量，继而建立了企业成长状态量与企业发展的时间、初始值和生命力指数的关系模型。通过本章的分析，重点解释了企业生命力对企业组织的作用机理。

5 民营企业不同发展时期的企业成长评价模型

通过前一章的分析，企业成长是在企业生命力作用下企业组织状态改变的过程，企业的成长状况可以用企业生命力来衡量。建立企业成长不同时期的企业生命力的评价模型，根据前一章的企业成长状态量与企业生命力的函数关系就可以得出不同发展阶段的企业成长评价模型。

5.1 民营企业的界定及特点

5.1.1 民营企业的界定

民营，是我国特有的概念，在其他市场经济国家中，并没有民营这样的概念，他们的经济活动主体主要是私有企业。我国之所以会出现民营的说法，主要是由意识形态所导致的。为了适应改革开放的展开和市场体制的建立，经济主体除了需要国有经济外，还需要其他经济成分的补充。一些私人的或者名义上是集体的实质是私人的企业开始蓬勃发展起来，为了回避意识形态上的问题，当时没有直接称呼这类经济为私营，而是变通的称为民营经济。

目前，国内关于什么是民营企业尚没有统一的定义。

国家工商总局把市场主体分为企业、个体工商户、农民专业合作社三大类，其中企业分为私营企业和国有企业。本书定义民营企业为个体工商户、私营企业的统称，这一定义与国家工商联等的统计口径是一致的。

5.1.2 民营企业发展的现状

目前，民营企业发展的现状可以归纳为以下几点。

(1)数量大、两极分化、中小企业是主流。

根据国家工商总局网站公布的《2014 年 11 月全国市场主体发展报告》数据：截至 2014 年 11 月底，全国实有各类市场主体 6861.82 万户，其中企业 1788.3 万户，个体工商户 4946.83 万户，农民专业合作社 126.7 万户。企业中内资企业 1742.41 万户，外商投资企业 45.89 万户。内资企业中私营企业 1516.41 万户。按照上面对民营企业的定义，民营企业的数量达到 6463.24 万户，占全部市场主体的 94.2%。

民营企业两极分化严重，无论资产总额、销售额、利润，还是员工数量、管理水平都有极大的差距。截至到 2012 年底，民营企业中的上市公司数量达到 1288 家，说明这些企业无论规模还是管理水平都达到了一定的水准，而同期的绝大多数民营企业仍然是规模小、管理不规范。

(2)对国民经济的贡献越来越大,地位越来越重要。

据全国工商联(新华网北京 2014 年 2 月 28 日)公布数据显示,2013 年中国民营经济贡献的 GDP 总量超过 60%。全国至少有 19 个省级行政区的贡献超过 50%,其中广东省超过了 80%。民营经济吸纳就业稳步提高,截至 2013 年底,全国个体、私营经济从业人员实有 2.19 亿人,较上年同期增长 9.7%,持续、高效、大量地吸纳就业,依然是民营经济对国民经济发展的重要贡献之一。

(3)发展前景广阔,发展道路仍然曲折。

正如《2012—2013 年中国民营经济分析报告》指出的那样,党的十八大再次强调坚持“两个毫不动摇”,充分体现了在全面深化经济体制改革中,大力发展民营经济的决心和信心;在坚持平等保护物权,形成各种所有制经济平等竞争、相互促进新格局的基础上,强调保证各种所有制经济依法平等使用生产要素、公平参与市场竞争、同等受到法律保护,充分体现了以权利公平、机会公平、规则公平为原则的改革取向;特别提出加快发展民营金融机构,鼓励引导社会力量兴办教育和医疗,支持小微企业特别是科技型小微企业发展,充分体现了民营经济的发展领域在不断拓展。这一系列理论与实践的创新,为民营经济指出了一条具有中国特色的发展道路。

但民营经济发展的“两高两难”(成本高、税费高、融资难、招工难)问题仍然非常普遍,严重制约着民营企业的发展。

5.1.3 民营企业的特点

民营企业相对于国有和国有控股企业有如下特点。

(1)民营企业创始人在企业创业过程中的作用至关重要,他的素质直接决定企业的兴衰(吴冰,1998)。在民营企业的孕育期和求生存期,企业的发展主要依赖于企业创始人自己的技术、经验或者市场方面的优势,这个时期企业创始人在企业中的地位是独一无二的。

(2)民营企业规模相对国有企业比较小,对资产有绝对控制权,其在投资、生产、销售、分配等环节,表现出极大的灵活性;在用人方面,民营企业相对某些国有企业也有明显的优势,可以根据企业需要对员工实施管理(吕惠明, 2007)。

(3)民营企业公司治理不够完善。民营企业的股权相对集中,不利于企业的科学决策,也不利于引进人才。

(4)民营企业因为融资困难或者对融资渠道和方法的不熟悉,绝大多数民营企业靠“滚雪球”的方式发展,即把利润再投入、再发展,这样没有借着财务杠杆的发展注定比较慢。

(5)政府对企业的有限影响。民营经济非主流经济,民营企业领导人渴望得到政府和社会的认可,以至于在决策时过多考虑政府的非经济层面的因素。

5.2 民营企业成长评价的原则

企业成长状态是用企业生命力来衡量的,企业生命力是企业成长的量化指标,所以对企业生命力的评价可以反映企业的成长。对企业生命力的评价是对企业的管理诊断的前提,所以评价必须客观、准确,在选取评价时要注意以下原则。

(1)可量化、易执行原则。

企业生命力评价是通过数学模型输入各种数据获得的,因此所设置的指标可量化应是最基本要求。如果这些指标和数学模型过于复杂,评估也不可能进行。

(2)整体性与全过程的原则。

企业生命力的影响因素众多,涉及企业的各个方面。因此,设计指标时,必须将这些方面全部考虑进去,否则所设计的指标体系将是不完整的,也是不科学的,由此所得出的生命力指数也是不准确、不真实的。企业生命力在企业发展不同时期的影响因素的主次不同,要求设计这些指标时综合考虑不同发展时期的影响因素。

(3)结构(层次性)原则。

生命力评价指标体系可按影响企业生命力的主要方面分块分层设计。具体可分 3 个层次,其中,第二层次分项指标数据由第三层次指标计算而得,第一层次指标即企业生命力评估指数由第二层次指标综合而得。

(4)有利于问题解决的原则。

生命力评价指标的选取要方便帮助企业解决问题,而不是指出企业管理的某些状态数据,这些状态数据反映的是企业生命力经过时间积累以后的结果,而不代表企业现时的生命力。

5.3 企业生命周期理论及企业成长阶段的划分

企业生命周期理论形成的标志是美国学者爱迪斯(Ichak Adizes,1989)发表的《企业生命周期》一书。在此理论形成之前的数年企业咨询过程中,爱迪斯发现了许多不同企业的成长存在相同的规律,并且这种规律与人的成长规律有着惊人的相似性。1979 年他在《组织动力学》夏季刊上发表了一篇题为“组织的转变:组织生命周期问题的诊断与处理”的文章,他认为,如同所有的生物和社会系统一样,组织有其产生、成长、成熟和死亡的过程,并将组织生命周期划分为五个阶段:产生、成长、成熟、衰退和死亡。他的这种划分和界定,得到组织理论界的广泛认同。全世界有许多企业对他的理论产生了浓厚的兴趣,促成了爱迪斯对企业组织生命周期的进一步研究。1989 年他在多年研究的基础上发表了其著作《企业生命周期》,标志着该理论的诞生,详细论述了企业生命周期的理论与方法,从分析企业成长的阶段性入手,指出存在于不同阶段的问题并提出解决问题的方法,具有很强的实践性。爱迪斯“企业生命周期”理论的提出开拓了企业管理理论的新领域,也引发了学者、企业家们对企业“生命”特性的思考与研究。

生命周期理论经过 30 多年的发展与争论,形成了仿生进化论、周期阶段论、生命周期归因论和对策论 4 个分支。

企业生命周期阶段论把企业的成长视为一个具有若干阶段的连续过程,将考察的重点放在这种过程中的各个阶段的特征与问题上。阶段论影响力最大,吸引了大批学者的注意力,因此产生了许多彼此有别的阶段论。各种论者的主要区别,表现在对企业成长阶段划分上。按照阶段划分的差异,至少可以看到十几种阶段论,阶段数从最少的 3 个阶段到最多的 10 个阶段,划分标准也是五花八门。

我国较早对企业生命周期课题开展研究的是中国社会科学院的陈佳贵(1995)教授。他在

20世纪80年代发表的两篇论文中指出，企业的生命周期可划分为孕育期、求生存期、高速成长期、成熟期、衰退期和蜕变期等阶段，企业经历衰退期后，存在衰亡或蜕变两种前途。陈佳贵教授区分了企业蜕变的3种形式：企业经济形体蜕变，主要是组织形态、法律形态方面的蜕变；企业实物形态蜕变，主要表现为技术创新；产品蜕变，主要是指产品链纵向或产品集横向扩张。他的最大贡献在于发展了日本学者藤芳诚一(1978)的蜕变理论，认为蜕变使企业获得新的成长曲线，延长了企业生命期，突破了以往生命周期理论中封闭的局限，具有很强的针对性和实践价值。

本书因为要研究企业在其生命周期不同时期的特点，如果划分的时期太少将没法揭示不同时期的区别，太多又会加大计算量，两者兼顾后将企业的生命周期分为6个阶段，即孕育期、求生存期、高速发展期、成熟期、衰退期和蜕变期。

5.4 民营企业生命力评价指标的选取

文献中对企业生命力评价指标选取是企业发展的状态量。状态量是结果，也就是说到结果出来了，企业的生命力才能评价，这样的评价是"过去时"，而不是"正在进行时"，对改进企业管理帮助不大。本书在选取生命力评价指标时，力求选择"作用"在企业组织上的要素，也就是企业组织的输入作为评价指标，这样方便企业管理者审视企业的管理行为。

5.4.1 二级指标的选取

根据第3章的企业系统的"企业领导人-斜坡-球体"模型，我们将企业生命力评价的二级指标定义为企业领导人的牵引力、企业组织内部的自适应力和外部环境的阻力。

5.4.2 企业领导人牵引力评价指标的选取

自企业作为一种实体形式诞生以来，学术界就致力于企业领导人素质研究，并以成功企业为对象总结了企业领导人应具备的基本素质。

管理大师彼得·杜拉克(Drucker,1995)认为企业领导人必须具备5个要素：专注、机会、不断创新、关注市场、善于组建管理团队。安德鲁(Andrew,2000)提出企业领导者应具备7种能力，即洞察力、首创精神、感召力、参与、应变能力、个性和言出必行。鲍莫尔(W J Banmal)提出的企业领导人应具有10个条件，即合作精神、决策能力、组织能力、精于授权、善于应变、敢于创新、敢担风险、勇于负责、尊重他人和品德高尚。还有美国管理者协会提出企业领导人必须具备的20种能力，日本学者提出的企业领导人的7种品质和8种能力，韩国三星李秉哲提出的企业领导人的5项标准等。

我国学者在企业领导人素质方面也做了大量的研究工作。尹继东(1999)提出的企业领导人的素质包括10个方面，分别是政治上，爱国主义、集体主义、政治敏感、善于把握政策、公正廉洁；思维上，实事求是、想象力丰富、演绎思维、超前思维；决策上，敢冒险、有判断力、敢决断、机敏、灵活；作风上，雷厉风行、义无反顾、团结协作、务实灵巧；精神上，创业、敬业、爱业、理念清晰、坚定不移；个性上，执著、大度、豁达；管理上，注重中国特色；威信上，个人威信高；学历上，一般大专学历；年龄上，35～50 岁。李悦、孙彤提出的企业家应具备的素质是包括心理素质、品德素质、知识素质、经验素质、能力素质这五大部分，一个人在这 5 类素质方面的状态事实上就决定了他是否能成为一名合格的企业家。卢毅、彭燕(2006)将企业发展分为四个时期(初创期、成长期、成熟期和衰退期)，分别研究了企业在不同时期应具备的思想道德素质、意识素质、知识素质、能力素质和经验素质。周涛(2007)在总结前人成果的基础上，利用一系列方法确定的企业家的评价测试项分为基本素质测项(生理素质、心理素质、职业操守素质、行业胜任素质)、能力测项(创新能力、管理能力、社会关系能力、战略能力、学习能力和执行力)、绩效贡献(企业财务效益、资本运营状况、偿债能力和发展能力)和社会责任贡献(对国家的贡献和对社会的贡献)，重点研究企业家在创业期、成长期、成熟期和衰退期应具备的素质和能力。

本书认为对企业领导人的素质或者能力评价可以不考虑其所在企业的绩效和对社会的贡献，因为这些指标与企业本身和企业领导人在企业的时间积累有关，而不能反映企业领导人现时的素质或者能力，因此，只选取了周涛对企业领导人的基本素质和能力测项，形成本书关于企业领导人评价的十大素质指标，①生理素质(包括年龄、健康状况、教育水平等)；②心理素质(包括意志坚定、有较强的领导欲望、影响力、非常自信、逻辑思维清晰等)；③职业操守素质(包括公正廉洁、富有敬业精神、工作作风民主勤奋、品德高尚、具有较强的贡献精神等)；④行业胜任素质(包括从事本行业的时间、专业能力突出、务实、不好高骛远、注重过程的合理性、文化适应能力强、善于把握政策等)；⑤创新能力(包括敢于并能够承担风险、善于独立思考、打破常规、敢想、敢试，不瞻前顾后、想象力丰富、对商机的敏锐洞察力，对政治、经济政策敏感度、信息来源丰富、信息的分析判断能力突出、革新能力等)；⑥管理能力(包括计划能力、组织能力、人力资源整合能力、领导能力、控制能力等)；⑦社会关系能力(包括与政府部门的关系、与非政府部门关系、同行业朋友交往、上下游单位的长期战略关系、沟通能力、为人大度、重信誉、讲诚信等)；⑧战略能力(包括战略思维能力、战略规划能力、战略应变能力等)；⑨学习能力(包括能通过多渠道获取知识的能力、总结经验能力、具有学习的意识等)；⑩执行力(包括能亲自参与管理团队的挑选、制订企业的战略并引导企业的运营、建立执行文化并起示范作用、指令明确、落实细节、能够跟进落实过程、对过程进行控制等)。分别对应矩阵表中的素质 0～9。

5.4.3 企业内部组织自适应力评价指标的选取

根据第 3 章的企业组织分层结构球体模型，我们将企业内部组织自适应力指标选取为 10 个方面：①组织结构(包括企业组织结构与企业战略的匹配性、企业组织结构对其他环境因素的适应性、企业组织结构的自我变革和创新能力、激励机制等)；②生产与技术(包括投入产出状况、生产工艺、设备先进性、技术的行业地位、固定资产的使用率等)；③人力资源(包括管理团队的配合状况、企业员工的构成情况、岗位结构的合意度、员工流动性 、接收培训的时间、收入对员工的激励作用、部门人员需求满足度、绩效考核等)；④市场营销(包括市场战略、客户关系的稳定性、企业获取信息的途径、企业的营销文化、企业的营销学习能力、企业的营销运作能力等)；⑤研究与开发(包括研究与开发规划匹配企业发展战略的程度、研究与开发人员的要素与努力程度、研究与开发成果的水平、研究与开发部门的学习能力与成长性等)；⑥企业文化(包括集体观念和团队支持、目标绩效和锐意进取、创新观念和冒险精神、层级规范和有效执行、价值认同度、行动一致性等)；⑦公司治理(包括产权结构、权利分配等)；⑧计划与决策(包括目标管理、计划的有效性、决策机制、决策有效性及效率等)；⑨安全与环保(包括相应的管理机构、制度、培训等);⑩财务及控制(包括财务预算管理、资金管理、资产管理、核算管理、资本运营管理、风险管理及控制等)。分别对应矩阵表中的要素 0~9。

5.4.4 企业外部环境评价指标的选取

环境是指对企业绩效起着潜在影响的外部机构或者力量的总和(旷锦云,2012)。外部环境是指企业之外的所有可能影响企业的因素,可以分为一般外部环境和特殊外部环境,或者宏观外部环境和微观外部环境。一般外部环境包括政治法律环境、社会文化环境、经济环境、技术环境、自然环境和国际环境;特殊外部环境包括现有竞争对手、潜在竞争对手、替代品、供应商和客户。本书研究的是企业的一般外部环境。

外部环境是企业赖以生存的土壤,它为企业的活动提供条件,也必然会对企业的活动起到制约的作用,进而影响企业的生存和发展。国内外广大学者对企业外部环境对企业的影响做了广泛的、深入的研究,但对外部环境中哪些要素、在企业发展的哪些阶段、对企业的生存和发展有怎样的影响、每个要素影响的程度如何等问题没有形成一致的结论。

Jones(1998)提出:"影响组织运作的主要力量包括任务环境和一般环境,任务环境是指来自于供应商、分销商、消费者及竞争对手,影响企业获取投入、提供产出的一组力量和条件,一般环境是指经济、科技、社会、文化、人口、政治法律及全球力量等更大范围的影响企业及其任务环境的一组力量。"Porter(1985)从行业竞争角度提出企业竞争的五大模型,认为企业竞争环境由同行业企业、供方、买方、替代品厂商、潜在进入者等要素构成。Adli Abouzeedan、Michael Busler(2001)等建立了 SIV 模型并运用该模型对影响中小企业生存和表现的因素进行了分析。

国内学者对企业环境问题也做了深入的研究,取得了较为丰硕的成果。李林、王恒山(2001)以企业外部环境作为目标层,以政治、经济、社会、技术、产业、市场作为准则层研究企业外部环境,得出外部环境的评价权重为 $W=\{0.083,0.250,0.083,0.167,0.167,0.250\}$。马永红、李柏洲、刘拓(2006)把中小型高科技企业成长环境分为基础设施环境、资本环境、技术环境、劳动力环境、社会服务环境、政策法律环境、经济环境和产业环境 8 个维度,分析得出它们的权重。陈晓红、张亚博(2008)从外部环境对企业(组织)影响的角度建立外部环境的评价指标体系,将外部环境分为经济、政治、技术、人力资源、社会文化和区位资源 6 个维度,计算得出它们的权重为 $W=\{0.197,0.149,0.192,0.192,0.192,0.192\}$。关健、侯赞等(2009)分析了经济、政治、人才、社会文化、技术和自然资源环境对中小企业成长的影响,并得出结论:第一,外部环境是影响中小企业成长的重要因素,外部环境好,中小企业的成长性更好;第二,外部环境对不同年龄和规模的中小企业成长性的影响存在差异,其影响随着中小企业经营时间增加和规模的增大而减弱。马小援(2010)将企业环境界定为一个由宏观环境、市场环境、自然环境、企业内部环境组成的宏大而复杂的系统的基础上,从可持续发展视角,选定一系列的指标,并提出企业环境分析与评价的模型,得出四项以及指标的权重为 $W=\{0.153,0.153,0.062,0.632\}$。

我们把影响企业生存与发展的企业外部环境要素归纳为 6 个维度:经济环境(市场环境、客户关系、合作伙伴、行业竞争、金融机构、经济周期、中介机构等)、政治环境(政府环境、法律环境、政策环境、政治事件等)、技术环境(技术转移和扩散、主要产品技术含量、技术更新速度、技术可获性等)、社会环境(社会价值观、社会舆论、社区关系)、人才环境(人才的易得性、人才市场的发育程度等)、自然环境(地理位置、自然资源、能源、自然条件、基础设施、环境保护、自然灾害等)。分别对应矩阵表中的因素 0～5。

通过上面的分析,我们可以把三级评价指标用表 5－1 表示。

表 5－1 企业生命力评价要素表

<table>
<tr><th>一级指标(目标层)</th><th>二级指标(准则层)</th><th colspan="2">三级指标(指标层)</th><th>备注</th></tr>
<tr><td rowspan="26">企业生命力(F)</td><td rowspan="10">企业领导人的牵引力
(F_1)(W_1)</td><td>生理素质</td><td>F_{10}/W_{10}</td><td rowspan="26">本文对四级指标有列举,但没有量化</td></tr>
<tr><td>心理素质</td><td>F_{11}/W_{11}</td></tr>
<tr><td>职业操守素质</td><td>F_{12}/W_{12}</td></tr>
<tr><td>行业胜任素质</td><td>F_{13}/W_{13}</td></tr>
<tr><td>创新能力</td><td>F_{14}/W_{14}</td></tr>
<tr><td>管理能力</td><td>F_{15}/W_{15}</td></tr>
<tr><td>关系能力</td><td>F_{16}/W_{16}</td></tr>
<tr><td>战略能力</td><td>F_{17}/W_{17}</td></tr>
<tr><td>学习能力</td><td>F_{18}/W_{18}</td></tr>
<tr><td>执行能力</td><td>F_{19}/W_{19}</td></tr>
<tr><td rowspan="10">企业内部管理的
自适应力
(F_2)
(W_2)</td><td>组织结构</td><td>F_{20}/W_{20}</td></tr>
<tr><td>生产与技术</td><td>F_{21}/W_{21}</td></tr>
<tr><td>人力资源</td><td>F_{22}/W_{22}</td></tr>
<tr><td>市场营销</td><td>F_{23}/W_{23}</td></tr>
<tr><td>研究与开发</td><td>F_{24}/W_{24}</td></tr>
<tr><td>企业文化</td><td>F_{25}/W_{25}</td></tr>
<tr><td>公司治理结构</td><td>F_{26}/W_{26}</td></tr>
<tr><td>计划与决策</td><td>F_{27}/W_{27}</td></tr>
<tr><td>安全与环保</td><td>F_{28}/W_{28}</td></tr>
<tr><td>财务及控制</td><td>F_{29}/W_{29}</td></tr>
<tr><td rowspan="6">企业外部环境阻力
(F_3)
(W_3)</td><td>经济环境</td><td>F_{30}/W_{30}</td></tr>
<tr><td>政治环境</td><td>F_{31}/W_{31}</td></tr>
<tr><td>技术环境</td><td>F_{32}/W_{32}</td></tr>
<tr><td>社会环境</td><td>F_{33}/W_{33}</td></tr>
<tr><td>人才环境</td><td>F_{34}/W_{34}</td></tr>
<tr><td>自然环境</td><td>F_{35}/W_{35}</td></tr>
</table>

5.5 评价方法

在评价过程中，我们采用文献分析法、德尔菲法和层次分析法。

(1)文献分析法：在参考大量文献资料后，确定企业生命力影响因素。

(2)德尔菲法：为避免人为因素对结果的影响，我们请15位企业管理方面的专家学者和企业领导人(表5-2)对企业成长影响因素的重要性程度进行打分，然后根据大家的结果来组建层次分析法中的比较矩阵。

表5-2 评价小组组成

	教授	副教授	讲师	总经理
人数	5	6	1	3
占比	33.3%	40%	6.7%	20%

(3)层次分析法(Analytic Hierarchy Process，简称AHP)：将与决策有关的元素分解成目标、准则、方案等层次，在此基础之上进行定性和定量分析的决策方法。

5.6 评价过程及不同阶段企业生命力评价模型的建立

本书先建立企业生命力的评价模型，通过上一章企业成长状态量与企业生命力的关系确定企业不同阶段的成长模型。

根据文献分析确定企业生命力的评价因素，然后设计问卷(见附录)后请15位企业管理方面的专家学者和企业家对评价因素在企业发展不同时期的重要性进行排序和打分，根据打分的结果建立比较矩阵。

5.6.1 二级指标权重的确定

层次分析法要确定两两比较对上一级指标哪个更重要，重要多少，根据下面的表确定比较矩阵中元素的值，如表5-3所示。

根据专家打分结果确定不同时期评价的比较矩阵，然后借助MATLAB编程计算每个因素的权重和一致性指标，如表5-4～表5-9所示。

表 5-3 层次分析法评分标准

a/b	说明
1	a 与 b 重要程度相同
3	a 比 b 略重要
5	a 比 b 重要
7	a 比 b 重要得多
9	a 非常重要，b 根本不能和它相比
2,4,6,8	赋值在相邻两整数之间折中
$1/n(n=1,\cdots,9)$	当 $b/a=n$ 时

表 5-4 孕育期生命力二级指标的评价矩阵及一致性指标

孕育期	F_1	F_2	F_3	权重	CR
F_1	1	5	3	0.6483	0.0032
F_2	1/5	1	1/2	0.1220	
F_3	1/3	2	1	0.2297	

表 5-5 求生存期二级指标的评价矩阵及一致性指标

求生存期	F_1	F_2	F_3	权重	CR
F_1	1	4	3	0.6337	0.0079
F_2	1/4	1	1	0.1744	
F_3	1/3	1	1	0.1919	

表 5-6 高速发展期二级指标的评价矩阵及一致性指标

高速发展期	F_1	F_2	F_3	权重	CR
F_1	1	1	3	0.4434	0.0158
F_2	1	1	2	0.3874	
F_3	1/3	1/2	1	0.1692	

表 5-7 成熟期二级指标的评价矩阵及一致性指标

成熟期	F_1	F_2	F_3	权重	CR
F_1	1	1	1	0.3275	0.0462
F_2	1	1	2	0.4126	
F_3	1	1/2	1	0.2599	

表 5-8　衰退期二级指标的评价矩阵及一致性指标

衰退期	F_1	F_2	F_3	权重	CR
F_1	1	1	2	0.4126	0.0462
F_2	1	1	1	0.3275	
F_3	1/2	1	1	0.2599	

表 5-9　蜕变期二级指标的评价矩阵及一致性指标

蜕变期	F_1	F_2	F_3	权重	CR
F_1	1	2	3	0.5499	0.0158
F_2	1/2	1	1	0.2402	
F_3	1/3	1	1	0.2098	

可以看出上面 6 个矩阵的计算全部用 MATLAB 软件编程序进行，计算的一致性指标都比较好。这样可以得出二级指标在 6 个时期的权重如表 5-10 所示。

表 5-10　不同时期二级指标的权重及生命力计算公式

一级指标	不同时期二级指标及权重						
企业生命力	分力	孕育期	求生存期	高速发展期	成熟期	衰退期	蜕变期
	W_1	0.648	0.634	0.433	0.328	0.413	0.55
	W_2	0.122	0.174	0.387	0.413	0.328	0.24
	W_3	0.23	0.192	0.169	0.26	0.26	0.21
公式	孕育期	$F=0.648F_1+0.122F_2+0.23F_3$					
	求生存期	$F=0.634F_1+0.174F_2+0.192F_3$					
	高速发展期	$F=0.433F_1+0.387F_2+0.169F_3$					
	成熟期	$F=0.328F_1+0.413F_2+0.26F_3$					
	衰退期	$F=0.413F_1+0.328F_2+0.26F_3$					
	蜕变期	$F=0.55F_1+0.24F_2+0.21F_3$					

5.6.2　三级指标权重的确定

三级指标涉及到 3 个二级指标 6 个时期的比较矩阵和权重。

5.6.2.1 企业领导人牵引力权重的确定

企业领导人牵引力权重确定时存在 10 个要素的问题，观察所有数据后发现每一组数据中均有两个要素的重要性是一样的，这样就可以用层次分析法来确定权重了。评价矩阵及一致性指标如表 5 - 11～表 5 - 16 所示。

表 5 - 11 孕育期企业领导人牵引力的评价矩阵及一致性指标

孕育期	F_{10}	F_{11}	F_{12}	F_{13}	F_{14}	F_{15}	F_{16}	F_{17}	F_{18}	F_{19}	权重	CR
F_{10}	1	1/5	1/2	1/4	1/5	2	1/5	1/4	1/3	1/3	0.0300	0.0135
F_{11}	5	1	4	2	1	6	1	2	3	3	0.1822	
F_{12}	2	1/4	1	1/3	1/4	3	1/4	1/3	1/2	1/2	0.0440	
F_{13}	4	1/2	3	1	1/2	5	1/2	1	2	2	0.1108	
F_{14}	5	1	4	2	1	6	1	2	3	3	0.1822	
F_{15}	1/2	1/6	1/3	1/5	1/6	1	1/6	1/5	1/4	1/4	0.0217	
F_{16}	5	1	4	2	1	6	1	2	3	3	0.1822	
F_{17}	4	1/2	3	1	1/2	5	1/2	1	2	2	0.1108	
F_{18}	3	1/3	2	1/2	1/3	4	1/3	1/2	1	1	0.0682	
F_{19}	3	1/3	2	1/2	1/3	4	1/3	1/2	1	1	0.0682	

表 5 - 12 求生存期企业领导人牵引力的评价矩阵及一致性指标

求生存期	F_{10}	F_{11}	F_{12}	F_{13}	F_{14}	F_{15}	F_{16}	F_{17}	F_{18}	F_{19}	权重	CR
F_{10}	1	1/4	1/3	1/4	1/3	1/2	1/4	1/2	1	1/4	0.0348	0.0089
F_{11}	4	1	2	1	2	3	1	3	4	1	0.1638	
F_{12}	3	1/2	1	1/2	1	2	1/2	1	2	1/2	0.0847	
F_{13}	4	1	2	1	1	3	1	2	3	1	0.1424	
F_{14}	3	1/2	1	1	1	2	1/2	2	3	1	0.1093	
F_{15}	2	1/3	1/2	1/3	1/2	1	1/3	1	1	1/3	0.0523	
F_{16}	4	1	2	1	2	3	1	3	4	1	0.1638	
F_{17}	2	1/3	1	1/2	1/2	1	1/3	1	2	1/2	0.0653	
F_{18}	1	1/4	1/2	1/3	1/3	1	1/4	1/2	1	1/3	0.0412	
F_{19}	4	1	2	1	1	3	1	2	3	1	0.1424	

表 5-13　高速发展期企业领导人牵引力的评价矩阵及一致性指标

高速发展期	F_{10}	F_{11}	F_{12}	F_{13}	F_{14}	F_{15}	F_{16}	F_{17}	F_{18}	F_{19}	权重	CR
F_{10}	1	1/4	1/4	1/4	1/6	1/6	1/5	1/5	1/4	1/6	0.0207	0.0248
F_{11}	4	1	1	1	1/3	1/3	1/2	1/2	1	1/3	0.0608	
F_{12}	4	1	1	1	1/3	1/3	1/2	1/2	1	1/3	0.0608	
F_{13}	4	1	1	1	1	1	1/2	1/2	1	1	0.0924	
F_{14}	6	3	3	1	1	1	2	2	3	1	0.1630	
F_{15}	6	3	3	1	1	1	2	2	3	1	0.1630	
F_{16}	5	2	2	2	1/2	1/2	1	1	2	1/2	0.1077	
F_{17}	5	2	2	2	1/2	1/2	1	1	2	1/2	0.1077	
F_{18}	4	1	1	1	1/3	1/3	1/2	1/2	1	1/3	0.0608	
F_{19}	6	3	3	1	1	1	2	2	3	1	0.1630	

表 5-14　成熟期企业领导人牵引力的评价矩阵及一致性指标

成熟期	F_{10}	F_{11}	F_{12}	F_{13}	F_{14}	F_{15}	F_{16}	F_{17}	F_{18}	F_{19}	权重	CR
F_{10}	1	1/4	1/6	1/6	1/6	1/7	1/5	1/6	1/5	1/6	0.0183	0.0088
F_{11}	4	1	1/3	1/3	1/3	1/4	1/2	1/3	1/2	1/3	0.0429	
F_{12}	6	3	1	1	1	1/2	2	1	2	1	0.1193	
F_{13}	6	3	1	1	1	1/2	2	1	2	1	0.1193	
F_{14}	6	3	1	1	1	1/2	2	1	2	1	0.1193	
F_{15}	7	4	2	2	2	1	3	2	3	2	0.2079	
F_{16}	5	2	1/2	1/2	1/2	1/3	1	1/2	1	1/2	0.0671	
F_{17}	6	3	1	1	1	1/2	2	1	2	1	0.1193	
F_{18}	5	2	1/2	1/2	1/2	1/3	1	1/2	1	1/2	0.0671	
F_{19}	6	3	1	1	1	1/2	2	1	2	1	0.1193	

表 5-15 衰退期企业领导人牵引力的评价矩阵及一致性指标

衰退期	F_{10}	F_{11}	F_{12}	F_{13}	F_{14}	F_{15}	F_{16}	F_{17}	F_{18}	F_{19}	权重	CR
F_{10}	1	1/4	1/3	1/3	1/6	1/5	1/4	1/4	1/4	1/4	0.0246	0.0078
F_{11}	4	1	2	2	1/3	1/2	1	1	1	1	0.0920	
F_{12}	3	1/2	1	1	1/4	1/3	1/2	1/2	1/2	1/2	0.0518	
F_{13}	3	1/2	1	1	1/4	1/3	1/2	1/2	1/2	1/2	0.0518	
F_{14}	6	3	4	4	1	2	3	3	3	3	0.2491	
F_{15}	5	2	3	3	1/2	1	2	2	2	2	0.1624	
F_{16}	4	1	2	2	1/3	1/2	1	1	1	1	0.0920	
F_{17}	4	1	2	2	1/3	1/2	1	1	1	1	0.0920	
F_{18}	4	1	2	2	1/3	1/2	1	1	1	1	0.0920	
F_{19}	4	1	2	2	1/3	1/2	1	1	1	1	0.0920	

表 5-16 蜕变期企业领导人牵引力的评价矩阵及一致性指标

蜕变期	F_{10}	F_{11}	F_{12}	F_{13}	F_{14}	F_{15}	F_{16}	F_{17}	F_{18}	F_{19}	权重	CR
F_{10}	1	1/3	1/2	1/2	1/4	1/3	1/3	1/4	1/3	1/3	0.0345	0.0099
F_{11}	3	1	2	2	1/2	1	1	1	1	1	0.1090	
F_{12}	2	1/2	1	1	1/3	1/2	1/2	1/3	1/2	1/2	0.0551	
F_{13}	2	1/2	1	1	1/3	1	1	1/2	1/2	1	0.0716	
F_{14}	4	2	3	3	1	2	2	1	2	2	0.1833	
F_{15}	3	1	2	1	1/2	1	1	1/2	1	1	0.0943	
F_{16}	3	1	2	1	1/2	1	1	1/2	1	1	0.0943	
F_{17}	4	1	3	2	1	2	2	1	1	2	0.1548	
F_{18}	3	1	2	2	1/2	1	1	1	1	1	0.1090	
F_{19}	3	1	2	1	1/2	1	1	1/2	1	1	0.0943	

5.6.2.2 企业内部组织自适应力权重的确定

企业内部自适应力的评价要素也是 10 个，处理方式和上面一样。企业内部自适应力评价矩阵及一致性指标如表 5-17～表 5-22。

表 5-17　孕育期企业内部组织自适应力评价矩阵及一致性指标

孕育期	F_{20}	F_{21}	F_{22}	F_{23}	F_{24}	F_{25}	F_{26}	F_{27}	F_{28}	F_{29}	权重	CR
F_{20}	1	1/5	1/4	1/5	1/6	1	1/2	1/4	1/2	1/4	0.0281	0.0092
F_{21}	5	1	1	1	1/2	4	4	1	3	1	0.1305	
F_{22}	4	1	1	1/2	1/2	4	3	1	3	1	0.1147	
F_{23}	5	1	2	1	1	5	4	2	4	2	0.1819	
F_{24}	6	2	2	1	1	5	4	2	4	2	0.1975	
F_{25}	1	1/4	1/4	1/5	1/5	1	1	1/4	1/2	1/4	0.0314	
F_{26}	2	1/4	1/3	1/4	1/4	1	1	1/3	1	1/3	0.0411	
F_{27}	4	1	1	1/2	1/2	4	3	1	3	1	0.1147	
F_{28}	2	1/3	1/3	1/4	1/4	2	1	1/3	1	1/3	0.0453	
F_{29}	4	1	1	1/2	1/2	4	3	1	3	1	0.1147	

表 5-18　求生存期企业内部组织自适应力评价矩阵及一致性指标

求生存期	F_{20}	F_{21}	F_{22}	F_{23}	F_{24}	F_{25}	F_{26}	F_{27}	F_{28}	F_{29}	权重	CR
F_{20}	1	1/3	1/3	1/4	1/3	1	1	1/2	1	1/3	0.0455	0.0078
F_{21}	3	1	1	1	1	3	4	2	3	1	0.1504	
F_{22}	3	1	1	1/2	1	3	3	1	2	1	0.1208	
F_{23}	4	1	2	1	2	4	4	2	3	2	0.1952	
F_{24}	3	1	1	1/2	1	3	3	1	2	1	0.1208	
F_{25}	1	1/3	1/3	1/4	1/3	1	1	1/2	1	1/3	0.0455	
F_{26}	1	1/4	1/3	1/4	1/3	1	1	1/3	1/2	1/3	0.0397	
F_{27}	2	1/2	1	1/2	1	2	3	1	2	1	0.1044	
F_{28}	1	1/3	1/2	1/3	1/2	1	2	1/2	1	1/2	0.0570	
F_{29}	3	1	1	1/2	1	3	3	1	2	1	0.1208	

表 5-19 高速发展期企业内部组织自适应力评价矩阵及一致性指标

高速发展期	F_{20}	F_{21}	F_{22}	F_{23}	F_{24}	F_{25}	F_{26}	F_{27}	F_{28}	F_{29}	权重	CR
F_{20}	1	1	1	1/2	1	2	2	1	1	1	0.1025	0.0116
F_{21}	1	1	1	1	1	2	3	2	2	1	0.1305	
F_{22}	1	1	1	1	1	2	2	1	2	1	0.1163	
F_{23}	2	1	1	1	1	3	3	2	2	1	0.1465	
F_{24}	1	1	1	1	1	2	2	1	2	1	0.1163	
F_{25}	1/2	1/2	1/2	1/3	1/2	1	1	1	1	1/2	0.0602	
F_{26}	1/2	1/3	1/2	1/3	1/2	1	1	1/2	1	1/2	0.0536	
F_{27}	1	1/2	1	1/2	1	1	2	1	1	1	0.0901	
F_{28}	1	1/2	1/2	1/2	1/2	1	1	1	1	1/2	0.0676	
F_{29}	1	1	1	1	1	2	2	1	2	1	0.1163	

表 5-20 成熟期企业内部组织自适应力评价矩阵及一致性指标

成熟期	F_{20}	F_{21}	F_{22}	F_{23}	F_{24}	F_{25}	F_{26}	F_{27}	F_{28}	F_{29}	权重	CR
F_{20}	1	1	1	1	1	2	1	2	1	1	0.1105	0.0204
F_{21}	1	1	1	1	1	2	1	1	1	1	0.1035	
F_{22}	1	1	1	1	1/2	1	1	1	1	1	0.0901	
F_{23}	1	1	1	1	1	2	1	2	2	1	0.1181	
F_{24}	1	1	2	1	1	3	2	3	2	1	0.1482	
F_{25}	1/2	1/2	1	1/2	1/3	1	1	1	1	1/3	0.0630	
F_{26}	1	1	1	1	1/2	1	1	1	1	1/2	0.0837	
F_{27}	1/2	1	1	1/2	1/3	1	1	1	1	1/2	0.0726	
F_{28}	1	1	1	1/2	1/2	1	1	1	1	1/2	0.0779	
F_{29}	1	1	1	1	1	3	2	2	2	1	0.1324	

表 5-21　衰退期企业内部组织自适应力评价矩阵及一致性指标

衰退期	F_{20}	F_{21}	F_{22}	F_{23}	F_{24}	F_{25}	F_{26}	F_{27}	F_{28}	F_{29}	权重	CR
F_{20}	1	1	1	1/2	1/2	1	1	1	1	1/2	0.0793	0.0159
F_{21}	1	1	1	1	1/2	1	1	1	1	1	0.0908	
F_{22}	1	1	1	1	1	1	1	1	2	1	0.1049	
F_{23}	2	1	1	1	1	1	1	1	2	1	0.1127	
F_{24}	2	2	1	1	1	2	2	1	3	1	0.1458	
F_{25}	1	1	1	1	1/2	1	1	1	1	1/2	0.0849	
F_{26}	1	1	1	1	1/2	1	1	1	1	1	0.0908	
F_{27}	1	1	1	1	1	1	1	1	1	1	0.0979	
F_{28}	1	1	1/2	1/2	1/3	1	1	1	1	1/2	0.0718	
F_{29}	2	1	1	1	1	2	1	1	2	1	0.1210	

表 5-22　蜕变期企业内部组织自适应力评价矩阵及一致性指标

蜕变期	F_{20}	F_{21}	F_{22}	F_{23}	F_{24}	F_{25}	F_{26}	F_{27}	F_{28}	F_{29}	权重	CR
F_{20}	1	1	1/3	1/2	1/3	1	1	1/2	1	1/2	0.0573	0.0083
F_{21}	1	1	1/2	1/2	1/3	2	2	1/2	2	1	0.0789	
F_{22}	3	2	1	1	1	3	3	1	3	2	0.1561	
F_{23}	2	2	1	1	1/2	3	3	1	3	1	0.1304	
F_{24}	3	3	1	2	1	4	4	2	4	2	0.2038	
F_{25}	1	1/2	1/3	1/3	1/4	1	1	1/3	1	1/2	0.0474	
F_{26}	1	1/2	1/3	1/3	1/4	1	1	1/3	1	1/2	0.0474	
F_{27}	2	2	1	1	1/2	3	3	1	3	1	0.1304	
F_{28}	1	1/2	1/3	1/3	1/4	1	1	1/3	1	1/2	0.0474	
F_{29}	2	1	1/2	1	1/2	2	2	1	2	1	0.1008	

5.6.2.3 企业外部环境阻力权重的确定

企业外部环境因素是 6 个，同样也可以得到不同时期的比较矩阵、权重及一致性系数，如表 5－23～表 5－28 所示。

表 5－23 孕育期企业外部环境阻力评价矩阵及一致性指标

孕育期	F_{30}	F_{31}	F_{32}	F_{33}	F_{34}	F_{35}	权重	CR
F_{30}	1	4	3	7	4	7	0.4414	0.0232
F_{31}	1/4	1	1/2	4	1	4	0.1320	
F_{32}	1/3	2	1	5	2	5	0.2117	
F_{33}	1/7	1/4	1/5	1	1/4	1	0.0414	
F_{34}	1/4	1	1/2	4	1	4	0.1320	
F_{35}	1/7	1/4	1/5	1	1/4	1	0.04114	

表 5－24 求生存期企业外部环境阻力评价矩阵及一致性指标

求生存期	F_{30}	F_{31}	F_{32}	F_{33}	F_{34}	F_{35}	权重	CR
F_{30}	1	3	2	5	2	7	0.3476	0.0221
F_{31}	1/3	1	1/2	3	1/2	5	0.1319	
F_{32}	1/2	2	1	4	1	6	0.2130	
F_{33}	1/5	1/3	1/4	1	1/4	3	0.0619	
F_{34}	1/2	2	1	4	1	6	0.2130	
F_{35}	1/7	1/5	1/6	1/3	1/6	1	0.0326	

表 5－25 高速发展期企业外部环境阻力评价矩阵及一致性指标

高速发展期	F_{30}	F_{31}	F_{32}	F_{33}	F_{34}	F_{35}	权重	CR
F_{30}	1	3	2	4	1	6	0.2968	0.0185
F_{31}	1/3	1	1/2	2	1/3	4	0.1141	
F_{32}	1/2	2	1	3	1/2	5	0.1818	
F_{33}	1/4	1/2	1/3	1	1/4	3	0.0736	
F_{34}	1	3	2	4	1	6	0.2968	
F_{35}	1/6	1/4	1/5	1/3	1/6	1	0.0368	

表 5-26　成熟期企业外部环境阻力评价矩阵及一致性指标

成熟期	F_{30}	F_{31}	F_{32}	F_{33}	F_{34}	F_{35}	权重	CR
F_{30}	1	2	1/2	2	1/2	4	0.1726	0.0112
F_{31}	1/2	1	1/3	1	1/3	3	0.1016	
F_{32}	2	3	1	3	1	5	0.2897	
F_{33}	1/2	1	1/3	1	1/3	3	0.1016	
F_{34}	2	3	1	3	1	5	0.2897	
F_{35}	1/4	1/3	1/5	1/3	1/5	1	0.0447	

表 5-27　衰退期企业外部环境阻力评价矩阵及一致性指标

衰退期	F_{30}	F_{31}	F_{32}	F_{33}	F_{34}	F_{35}	权重	CR
F_{30}	1	1	1	2	1	3	0.2091	0.0099
F_{31}	1	1	1	1	1	2	0.1767	
F_{32}	1	1	1	2	1	3	0.2091	
F_{33}	1/2	1	1/2	1	1/2	2	0.1250	
F_{34}	1	1	1	2	1	3	0.2091	
F_{35}	1/3	1/2	1/3	1/2	1/3	1	0.0711	

表 5-28　蜕变期期企业外部环境阻力评价矩阵及一致性指标

蜕变期	F_{30}	F_{31}	F_{32}	F_{33}	F_{34}	F_{35}	权重	CR
F_{30}	1	3	1	3	1	7	0.2577	0.0159
F_{31}	1/3	1	1/3	1	1/3	5	0.0988	
F_{32}	1	3	1	3	1	7	0.2577	
F_{33}	1/3	1	1/3	1	1/3	5	0.0988	
F_{34}	1	3	1	3	1	7	0.2577	
F_{35}	1/7	1/5	1/7	1/5	1/7	1	0.0294	

通过上面的计算，我们得到了全部三级指标的权重(W_{ij})(表 5-11～表 5-28)和全部 26 项指标的联合权重 $L_{ij}=W_{ij}W_i$，如表 5-29 所示。

表 5-29 企业生命力在不同时期 26 项指标的权重

时期	孕育期	求生存期	高速发展期	成熟期	衰退期	蜕变期
L_{10}	0.019 44	0.022 063 2	0.009 170 1	0.006 002 4	0.010 159 8	0.018 975
L_{11}	0.118 065 6	0.103 849 2	0.026 934 4	0.014 071 2	0.037 996	0.059 95
L_{12}	0.028 512	0.053 699 8	0.026 934 4	0.039 130 4	0.021 393 4	0.030 305
L_{13}	0.071 798 4	0.090 281 6	0.040 933 2	0.039 130 4	0.021 393 4	0.039 38
L_{14}	0.118 065 6	0.069 296 2	0.072 209	0.039 130 4	0.102 878 3	0.100 815
L_{15}	0.014 061 6	0.033 158 2	0.072 209	0.068 191 2	0.067 071 2	0.051 865
L_{16}	0.118 065 6	0.103 849 2	0.047 711 1	0.022 008 8	0.037 996	0.051 865
L_{17}	0.071 798 4	0.041 400 2	0.047 711 1	0.039 130 4	0.037 996	0.085 14
L_{18}	0.044 193 6	0.026 120 8	0.026 934 4	0.022 008 8	0.037 996	0.059 95
L_{19}	0.044 193 6	0.090 281 6	0.072 209	0.039 130 4	0.037 996	0.051 865
L_{20}	0.003 428 2	0.007 917	0.039 667 5	0.045 636 5	0.026 010 4	0.013 752
L_{21}	0.015 921	0.026 169 6	0.050 503 5	0.042 745 5	0.029 782 4	0.018 936
L_{22}	0.013 993 4	0.021 019 2	0.045 008 1	0.037 211 3	0.034 407 2	0.037 464
L_{23}	0.022 191 8	0.033 964 8	0.056 695 5	0.048 775 3	0.036 965 6	0.031 296
L_{24}	0.024 095	0.021 019 2	0.045 008 1	0.061 206 6	0.047 822 4	0.048 912
L_{25}	0.003 830 8	0.007 917	0.023 297 4	0.026 019	0.027 847 2	0.011 376
L_{26}	0.005 014 2	0.006 907 8	0.020 743 2	0.034 568 1	0.029 782 4	0.011 376
L_{27}	0.013 993 4	0.018 165 6	0.034 868 7	0.029 983 8	0.032 111 2	0.031 296
L_{28}	0.005 526 6	0.009 918	0.026 161 2	0.032 172 7	0.023 550 4	0.011 376
L_{29}	0.013 993 4	0.021 019 2	0.045 008 1	0.054 681 2	0.039 688	0.024 192
L_{30}	0.101 522	0.066 739 2	0.050 159 2	0.044 876	0.066 82	0.054 117
L_{31}	0.030 36	0.025 324 8	0.019 282 9	0.026 416	0.025 246	0.020 748
L_{32}	0.048 691	0.040 896	0.030 724 2	0.075 322	0.066 82	0.054 117
L_{33}	0.009 522	0.011 884 8	0.012 438 4	0.026 416	0.025 246	0.020 748
L_{34}	0.030 36	0.040 896	0.050 159 2	0.075 322	0.066 82	0.054 117
L_{35}	0.009 462 2	0.006 259 2	0.006 219 2	0.011 622	0.009 048	0.006 174

5.6.3 全部影响因素数值的确定

全部影响因素及二级(F_i)和三级指标(F_{ij})的数值,可以通过对具体企业的调查,由专家组或者企业高管组成的考核小组首先确定企业所处的发展时期，再对影响企业生命力的因素打分，然后求平均并归一化后得出全部影响因素的具体得分。

我们设计了针对企业生命力影响因素的问卷，采用模糊综合评判的方法，根据本文中建立的评价体系，划分因素集，进行三层次模糊综合评判。本书对全部三级指标设计的评语集是很强(好)、强(好)、较强(好)、一般、较差、差和很差，分别对应的分值为－5、－3、－1、0、1、3、5。统计所有成员对某一项的打分然后求平均，最后得出归一化的得分就是该项要素的得分。

5.6.4 不同时期企业生命力评价公式

通过上面的分析，企业生命力评价体系的指标、权重和得分确定之后，利用不同时期的生命力指数公式就可以得到企业的生命力指数。

$$F = \sum_{i=1}^{3} F_i W_i = \sum_{i=1}^{3} \Big(\sum_{j=0}^{K} F_{ij} W_{ij} \Big) W_i$$

当 $i=1,2$ 时，$K=9$；$i=3$ 时，$K=5$。W_i 见表 5-10。

5.7 企业的实际生命力指数与名义生命力指数

上面的计算过程可以看出企业的生命力指数 F 分布在[－1，＋1]范围内，但是通过我们对湖北 88 家上市公司 2007—2013 年资产总额的分析计算，有效的年度生命力指数 f 有 592 个，其中分布在[－1，＋1]范围内的有 571 个，占比 96.44%，不在[－1，＋1]范围的有 21 个，占比 3.56%。绝大多数企业的生命力指数在上面给定的企业生命力取值范围[－1，＋1]内，但仍有 3.56%的数据不在[－1，＋1]的范围。另外，上面计算的企业生命力指数含有主观成分，怎样才能使含主观成分的企业生命力指数与企业客观的企业生命力指数相一致？我们引入实际生命力指数和名义生命力指数的概念。

前面用企业的状态量可以求得企业的生命力指数 f，本章可以通过对企业的输入要素来评估企业的生命力指数 F，我们把前面的与企业状态量直接相关的生命力指数 f 称为企业实际生命力指数，把后面通过评估得出的 F 称为企业名义生命力指数。企业实际生命力指数和名义生命力指数的关系用公式表示：$f=\mu\xi F$。其中，μ 为行业状态量系数；ξ 为幂律系数。

5.7.1 企业生命力的行业状态量系数

F 为评估的企业生命力指数，包含主观的成分，而 f 是与企业状态量密切相关的企业客观的生命力指数，主观与客观之间的转换关系用 μ 来完成。

很显然 μ 是与企业所在行业和选取的状态量有关。一般来讲，企业实际生命力与企业所在的行业有关，比如最近几年我国的钢材产量严重过剩，尽管作用在钢材企业组织的企业领导人的牵引力、企业组织的自适应力以及外部环境的阻力都比较有利于企业的发展，也就是说企业的名义生命力比较高，但企业的状态量增速不是很大，这个时候就需要用 μ 来调节这种情况；一般来讲，我们选取企业的资产总额作为企业的状态量是可以真实反映企业的状态改变的，因为这种改变是基于原来规模的，但如果选取其他的状态量，比如选取所有者权益，也是可以的，但这个时候企业的实际生命力指数需要用 μ 来调节。

行业状态系数 μ 可以用企业前几年的状态量数据和名义生命力指数确定，一旦定下来，就可以用 μ 来计算未来的企业实际生命力指数。

5.7.2 幂律行为与企业生命力幂律系数

自 Watts(1998)等在《*Nature*》发表“Collective dynamics of ‘small word’ networks”与 Barabasi(1999)等在《*Science*》发表“Emergence of scaling in random networks”的文章以来，物理学界掀起了复杂网络的研究热潮，进而引起人们对规模分布尤其是幂律分布的极大兴趣，这一兴趣在国外已延伸到经济与管理学界。目前，现实世界大量幂律分布的发现，引起学界包括经济与管理学界对正态分布高斯世界的反思，并开始重视对极端事件研究。

复杂性科学研究表明，所有处于混沌边缘的系统都存在落入混沌状态的概率，而且这一概率遵从一定的分布规律——人们常称之为“幂律”。系统的幂律行为对于复杂性经济学具有非常重要的意义。首先，由于幂律是可以衡量的，所以可以通过对幂律的测定而判断系统是否处于临界状态或混沌边缘。这样混沌边缘在复杂性经济学中就不再是一个只流于空泛讨论的词语而是一个具有科学性和可操作性的概念。其次，幂律行为使我们认识到，处于健康状态的经济系统也随时都可能会崩溃，进入混沌状态之中，而我们对此却无法做出准确预测。一些经济学家也证明，健康的经济确实会突然崩溃(Paul R. Krugman，1999)。当然，这种经济运行和崩溃的机制也并非难以理解和解释，只是难以进行准确预测。例如，人们对股市运作的机制了如指掌，但是仍然无法准确预测股价走势的“转折点”：什么时候开始看涨，又什么时候开始看跌。这些都说明，这个世界不管多么美好，它仍然充满着风险。当然，人类系统的幂律行为与自然系统的幂律行为也有很大的不同。自然系统遵循幂律的行为是盲目的和难以更改的，这是因为像处于临界状态的沙滩那样的自然系统其作用者(如沙粒)的互动关系(如受力关系)是天然赋予而固有的。而从理论上讲，如果我们能够人为控制某些作用力，例如能够随时减小甚至取消地球的引力，那么在沙崩发生初期，我们仍然可以通过减小引力的方法来减小沙堆崩落的规模。事实上，人类社会正是这样一种可以对某些作用力进行某种人为调控的系统，例如实施一些宏观经济政策的确可以影响甚至改变人们的预期和行为，所以人类即使不能改变经济落入混沌的频率，那么至少也可以通过采取一些宏观经济措施而减小经济波动或崩溃的规模。也就是说，人类系统的幂律行为不是固定不变的，而是带有一定的可调控性质的。人类尽管不能够完全规避风险和灾难，但是在面对风险和灾难时却不必宿命地坐以待毙，我们仍然可以有所作为。由此可见，经济系统当然包括企业经济系统，无论多么复杂，其实都是可控的。当然，这取决于人类对社会经济发展规律的认识程度。

企业系统也是复杂系统，一般情况下，企业系统中各子系统通过自身的自稳调节系统(李柏洲，2002)适应其他子功能模块的变化，具有相对的独立性；在外力或者其他子功能模块突变的特殊情况下，子功能模块之间作用的非线性可能导致企业组织整体发展的不可控，这种不可控的发生反映在企业生命力上就是不连续甚至是拐点，企业生命力符号由正变为负。

以无锡尚德为例，说明其生命力变化过程：无锡尚德由光伏科学家施正荣 2001 年创立，从事光伏电池与组件生产。2005 年，施正荣在英属维尔京群岛注册成立 100％控股无锡尚德的“尚德电力”公司，并在纽交所上市。无锡尚德成立后一路高速发展，曾是我国光伏行业的一个“标杆”。2002 年 9 月首条封装线投产，年产能 10 兆瓦，当年 12 月即开始赢利。2005 年在美国上市后，股价不久涨至 40 美元，施正荣以 23 亿美元成为 2006 年的“中国首富”。此后，受益于欧美光伏市场的一系列强有力政策的刺激，以及国内对光伏产业的扶持，无锡尚德出现“裂变”式增长。2006—2011 年，6 年间尚德电力主营收入从 44.9 亿元人民币提升至 202 亿元，股价曾一度超过 90 美元。到 2012 年底，尚德电力的年产能达 2.4 吉瓦，在美国、德国、日本、澳大利亚拥有多家分公司和研发机构，在国内有多家生产基地，曾击败过欧美主要竞争对手。

无锡尚德拥有良好的技术、品牌，曾创造国内光伏行业多个第一，短短 10 年间成长为全球最大的光伏组件生产商之一。2013 年 3 月 20 日，无锡市中级人民法院发布公告称，无锡尚德太阳能电力有限公司无法归还到期债务，依法裁定破产重组。导致其一步步走向破产重组的原因，除了行业恶性价格战、国外贸易战升级、金融危机之外，也与自身决策频繁失误有关（新华网，2013 年 03 月 20 日）。

从无锡尚德资产总额的变化（每年 3 月的数据，来源于 imeigu. com），我们可以看出该企业 2009—2012 年的生命力指数均为正（f 约为 0.25），可是在 2012 年其生命力指数却变为负（f 约为－0.25），企业也在 2013 年 5 月宣布破产重组。从 2011—2013 年的 3 年时间，企业领导人还是施正荣，企业组织内部的管理也没有大的变化，外围环境变化（美国的双反调查）的变化为何能引起企业生命力的逆转呢（图 5－1）？大多数专家的分析，无锡尚德破产重组的主要原因有说企业领导人原因的，也有说是环境的变化的，还有说是企业内部的决策失误造成的，通过本书的研究，其破产的主要原因在于某个事件（决策、市场）引起的各子功能模块相互的破坏作用逐渐增大造成的。

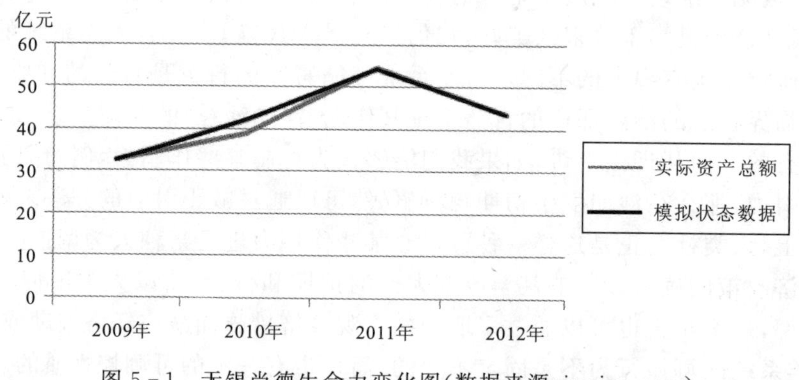

图 5－1　无锡尚德生命力变化图（数据来源：imeigu. com）

幂律系数 ξ 的引入就是要反映企业组织中各子功能模块之间的突变引起的企业生命力不连续的变化，其与企业状态量的关系也是指数关系，但与企业生命力是系数关系。一般情况下，幂律系数 ξ 取值为 1，但特殊时期或者有特殊事件的情况下，幂律系数 ξ 可以马上变为负值，其绝对值可能还大于 1。

5.8　不同成长阶段的民营企业成长评价模型

上面我们得出了不同阶段民营企业名义生命力指数的计算公式，名义生命力指数与实际生命力指数的关系，结合前一章的模型，我们可以得出民营企业成长不同阶段的成长评价模型。

$$F=\sum_{i=1}^{3}F_iW_i=\sum_{i=1}^{3}(\sum_{j=0}^{K}F_{ij}W_{ij})W_i$$

$$f=\mu\xi F$$

$$S(t)=\frac{f\cdot S(t_0)}{g\cdot S(t_0)-[g\cdot S(t_0)-f]\cdot e^{-f\cdot t}}$$

5.9 评价结果分析

通过以上计算，可以得出下面的结果。

5.9.1 不同时期影响企业成长的主要因素不同

(1)不同时期三要素(二级指标)的重要性(权重)不同。

从图 5-2 可以看出：在孕育期、求生存期和蜕变期，影响企业成长的主要因素是企业领导人的牵引力；而在高速发展期、成熟期和衰退期，企业领导人牵引力的重要性(权重)虽然仍较大，但下降较明显，企业内部管理的自适应力的重要性(权重)明显提升。

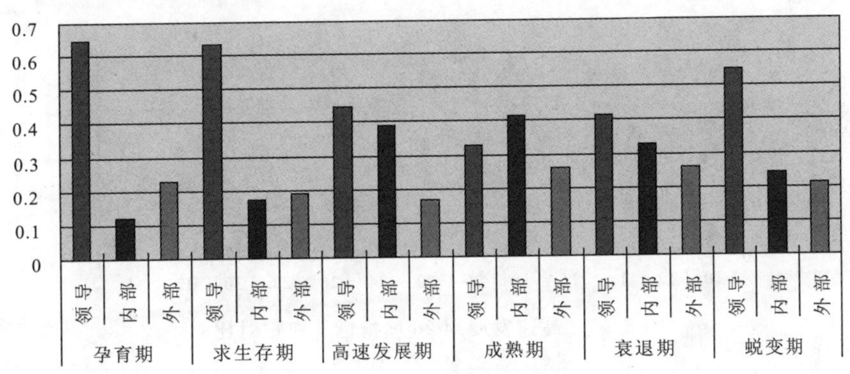

图 5-2 不同时期三要素的权重

(2)不同时期影响企业成长的 26 项指标的重要性(权重)不同。

孕育期对企业生命力指数影响较大(权重在 10%及以上)的是企业领导人的心理素质、创新能力、关系能力、和外部环境中的经济环境，如图 5-3 所示。

求生存期对企业生命力指数影响较大(权重在 6%以上)的是企业领导人的心理素质、行业胜任能力、创新能力、关系能力、执行力和外部环境中的经济环境，如图 5-4 所示。

高速发展期对企业生命力指数影响较大(权重在 5%以上)的是企业领导人的创新能力、管理能力和执行力、内部管理的生产与技术、市场营销、外部环境中的经济环境和人才环境，如图 5-5 所示。

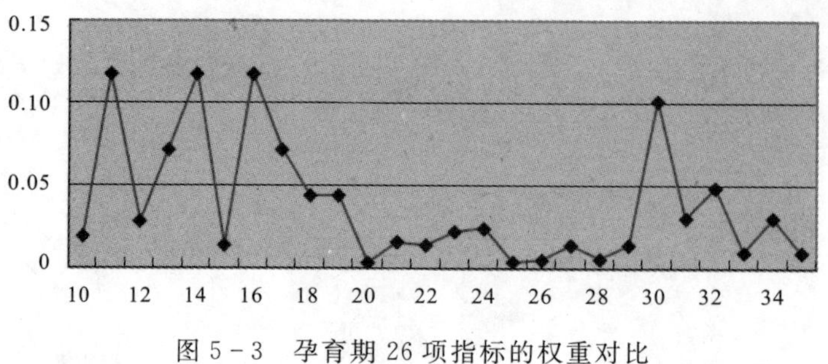

图 5－3　孕育期 26 项指标的权重对比

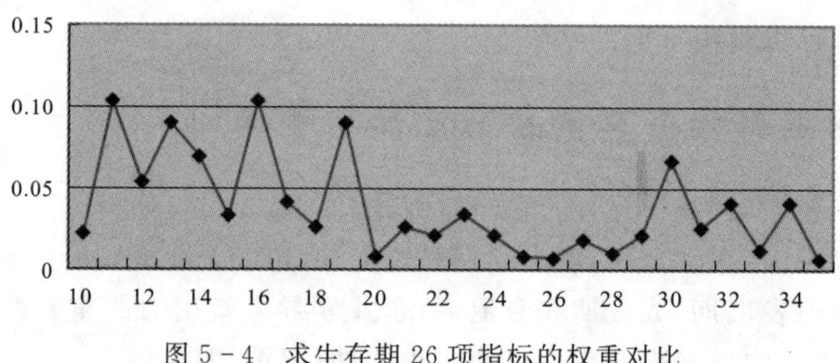

图 5－4　求生存期 26 项指标的权重对比

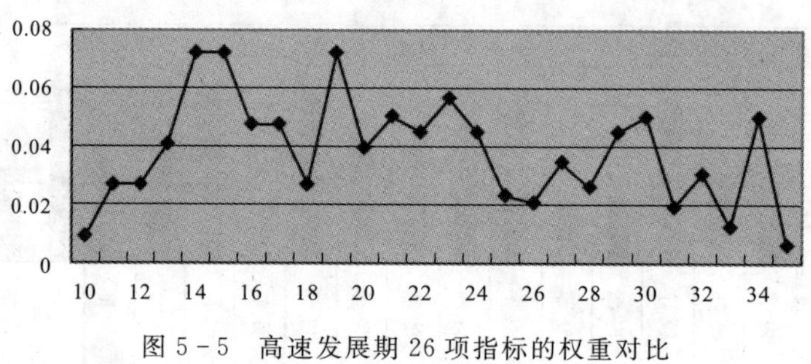

图 5－5　高速发展期 26 项指标的权重对比

成熟期对企业生命力指数影响较大(权重在 5%以上)的是企业领导人的管理能力、企业内部管理的研究与开发和财务与控制、外部环境中的技术环境和人才环境,如图 5－6 所示。

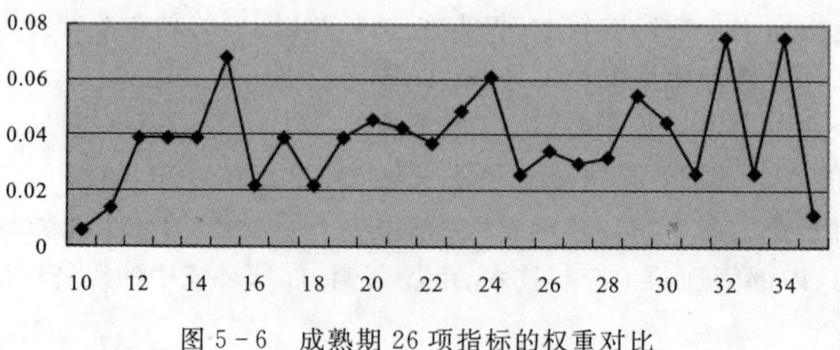

图 5－6　成熟期 26 项指标的权重对比

衰退期对企业生命力指数影响较大(权重在6%以上)的是企业领导人的创新能力和管理能力、企业外部环境中的经济环境、技术环境和人才环境,如图5-7所示。

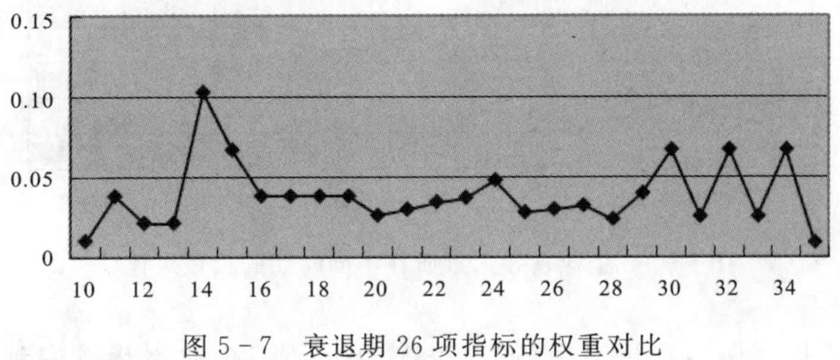

图5-7 衰退期26项指标的权重对比

蜕变期对企业生命力指数影响较大(权重在5%以上)的是企业领导人的心理素质、创新能力、管理能力、关系能力、战略能力、学习能力、执行力,企业外部环境中的经济环境、技术环境和人才环境,如图5-8所示。

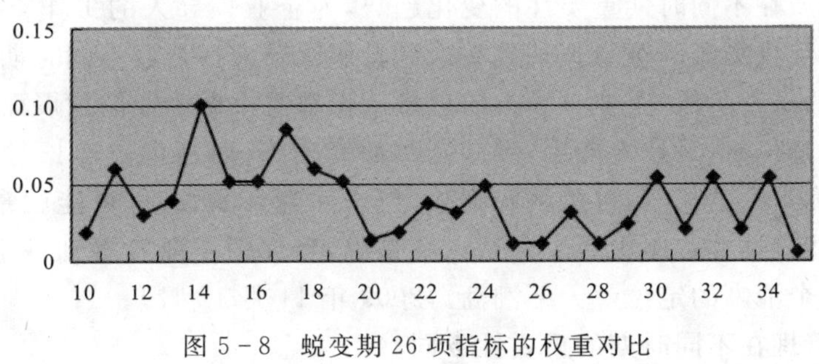

图5-8 蜕变期26项指标的权重对比

5.9.2 同一要素在不同时期对企业成长的影响不同

(1)企业领导人素质在不同时期的重要性(权重)不同。

企业领导人素质在不同时期对企业成长的影响是不同的,在孕育期、求生存期和蜕变期影响特别明显,在三因素中的影响权重在50%以上;在其他时期,企业领导人的素质对企业的影响也是比较明显,在三因素中的权重最低也达到32%。以上分析足以说明企业领导人是企业发展中的关键的、决定性因素,如图5-9所示。

民营企业领导人是企业的创始人,其在企业发展过程中的地位是独一无二的,但是随着企业的发展,企业领导人要有所为、有所不为。在企业发展的前期(婴幼儿期和求生存期),因为这个时期,企业的主要任务是"活下来",所以,企业领导人工作的重点在企业组织功能结构的业务层(生产与技术、研究与开发和市场营销);随着企业的发展,到了高速发展期,企业的产品、技术和服务逐渐成熟,员工队伍和专业化的管理团队也建立起来了,企业领导人前期在业务层面的工作逐渐被团队代替,其在企业中的作用也不像前期那么重要了,企业领导人这个时期应该关注企业的保障层建设(组织结构、人力资源、计划与决策和财务与控制)和理念层(企业文化、公司治理和安全与环保)的提炼,工作重点从一线的技术、市场等转移到为专业化的技

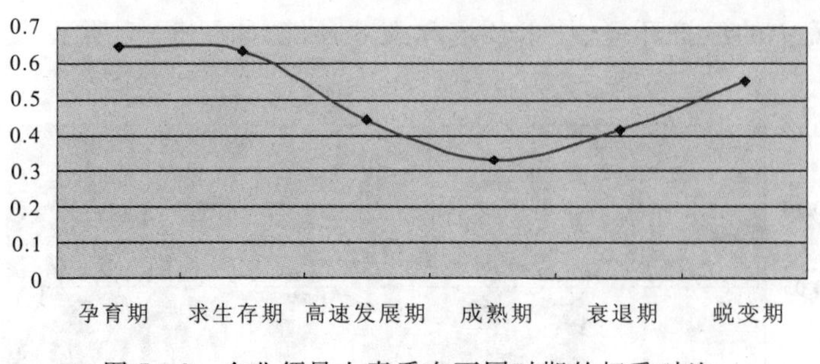

图 5-9 企业领导人素质在不同时期的权重对比

术队伍、市场队伍等提供保障和用企业的理念来影响企业；企业逐步发展到了衰退期和蜕变期，企业保障层变得成熟的同时也就意味着僵硬，需要企业领导人提出新的发展方向来重新唤起企业组织的激情，这个时期，企业领导人的作用又开始变得重要起来，企业领导人必须为企业未来的产品、技术和服务定位，企业领导人的工作重点又重复到企业的业务层。企业这样的一个发展周期下来，企业组织会上到一个新的台阶。

企业领导人素质在不同时期重要性的变化趋势，为企业领导人的工作重点和自身的发展指明了方向。正如宝供物流的董事长刘武在谈到企业领导人在企业不同时期的作用时比喻的一样：在企业发展的每一阶段，企业领导人的思想认识都要根据企业的发展而变化。就像看战斗片，当你是班长、排长时，是技术能手，带领士兵冲锋陷阵；而当你是连长时，就拿个手枪，站在战壕里喊冲啊；你当到营长时，可能就躲到战壕里；你当到团长时，可能就拿个望远镜看了；你当到军长时，可能就站在一座山后了。这也就是说，当你的企业发展到一定阶段时，你站的位置要给自己有一个清晰的定位(《天下潮商》，2009 年 11 月 12 日)。

(2)企业内部管理在不同时期的重要性不同。

企业内部管理在企业发展中，尤其是高速发展期、成熟期和衰退期对企业成长影响具有举足轻重的作用。企业内部管理要素在不同时期的重要性不同，呈现中间高两头低的形态，如图 5-10 所示。

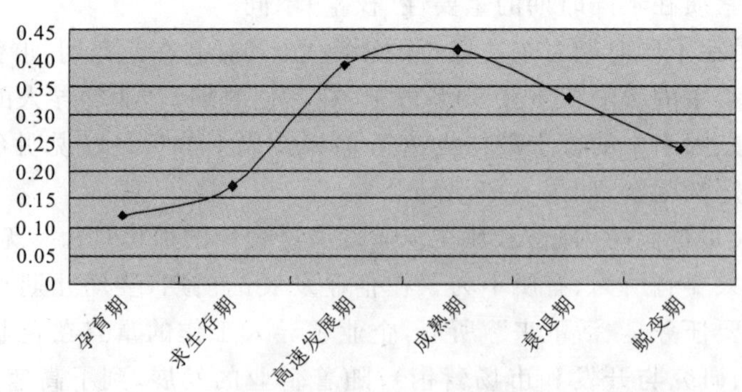

图 5-10 企业内部管理在不同时期的权重对比

企业组织内部管理在企业成长不同时期的重要性是有所不同的。在企业发展的前期(婴幼儿期和求生存期)，企业的业务层还没有成熟，企业员工队伍还比较小，企业组织内部的自适应力的作用还没能体现出来；企业发展到了高速发展期和成熟期，企业员工队伍发展非常快、企业的资产等状态量也到了空前的规模，这个时期企业内部的协调就显得非常重要了，不然的话，就会造成大量人员和资产的浪费，企业内部组织的自适应力在企业系统中的作用同样也最为重要；企业发展到了衰退期和蜕变期时，企业的惯例已经形成，企业组织各子功能模块都能按照约定俗成的制度和习惯处理与其他子功能模块的关系，企业组织的自适应力作用不像高速发展期和成熟期那么重要了。

(3)企业外部环境在不同时期的重要性不同。

企业外部环境在企业发展中对企业成长的影响比较均衡，权重在16.9%～26%之间，但每个时期还是有差异，在成熟期和衰退期的影响较大，此两个时期基本与企业领导和内部管理呈三分天下之势，如图5-11所示。

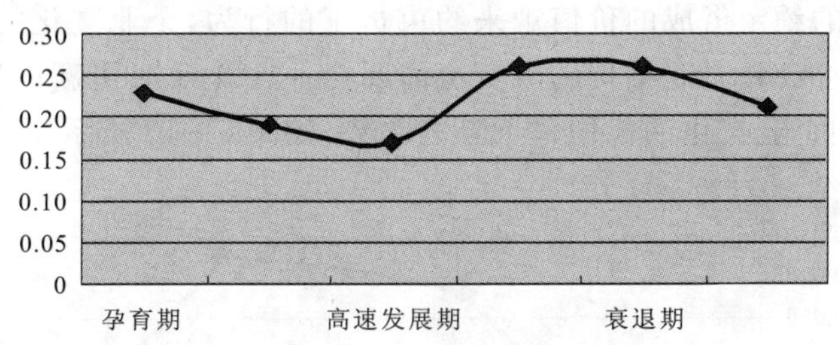

图5-11 企业外部环境在不同时期的权重对比

企业外部环境对企业的影响是持续的，无时无刻不在影响着企业的生存和发展，但不是主导地位，这也充分说明企业领导人和企业组织内部管理是企业生存和发展的决定因素。经常会听到民营企业的融资难、招工难以及税费高对其发展的制约，但通过本书的分析，环境再难也难不过成本高。民营企业的成本高固然与另两难一高有关系，但成本高更多与企业各子功能模块间的相互协调和企业领导人有关。

对企业发展影响因素的这种归因，有利于企业领导人和企业组织从自身找原因，发现问题及时解决问题才是根本，只有这样，企业的成长才会顺理成章。如果把企业发展的问题归因于外部环境，不利于企业解决问题，也就不利于企业的发展。

(4)全部26项指标中任意一种在不同时期的重要性不同。

在本书选取的26项指标中，每一种指标在企业发展过程中的重要性在不同时期是不同的，在这里不对26项指标逐一分析，选取下面4种做简单分析。

战略能力是企业领导人的重要能力之一，其在26项指标中的联合权重在孕育期为7.25%、在蜕变期为8.5%，在其他时期的权重也在平均权重上下。企业在孕育期和蜕变期时，企业需要对产品、技术等重大问题作出选择和决策，这个时期需要企业领导人的战略决策能力，所以这两个时期的权重较高。在企业正常发展时期，没有太大的方向性的决策，对企业领导的战略能力就没那么高的要求了，如图5-12所示。

企业文化是企业内全体员工在生产经营和管理活动中逐步形成并共有的一套观念、信念、价值观、行为规范及制度安排等，它主要是指民营企业内部成员的共同价值观体系，它具有导向、约束、凝聚、融合、辐射等功能(吴云贝，2006)。

在企业发展的初期(孕育期和求生存期)，企业文化尚在提炼和建设过程中，企业文化对民

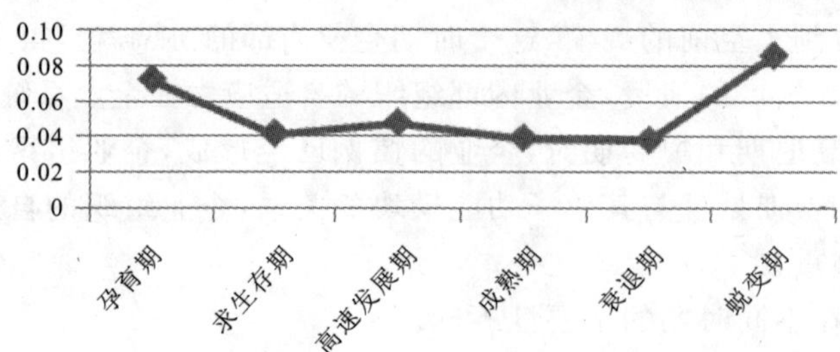

图 5-12　企业领导人战略能力在不同时期权重对比

营企业生存和发展的影响相对较小；但随着企业的发展，企业的员工越来越多，企业需要一整套的制度或者非制度的约定俗成的价值观来约束员工的行为，企业文化的作用就更加凸显出来；新的组织或者企业战略、企业结构的改变也需要企业文化及时更新以适应企业的发展，所以，到了企业的蜕变期企业文化的作用呈下降的趋势，如图 5-13 所示。

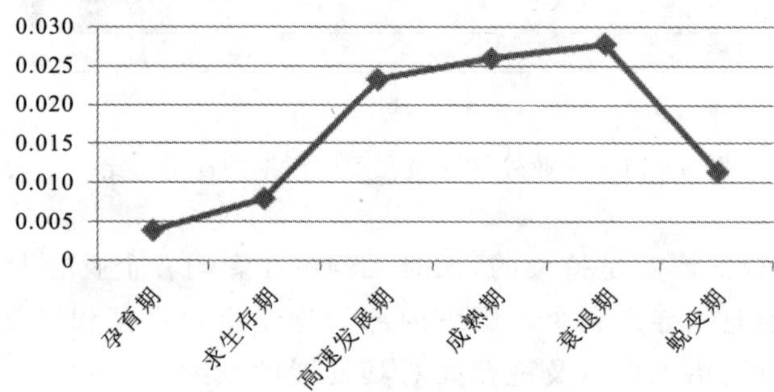

图 5-13　企业文化在不同时期的权重对比

企业组织的财务及控制功能模块在企业分层结构的保障层，该功能模块在企业发展过程中的作用也是比较明显的，尤其在企业高速发展期、成熟期和衰退期，在企业发展的这 3 个时期，企业的业务量比较大、人员比较多，作为保障层的财务及控制模块既要为生产、销售提供保障，同时也要防控财务风险，所以该模块的权重比较大；而在其他时期的作用就没那么明显了，如图 5-14 所示。

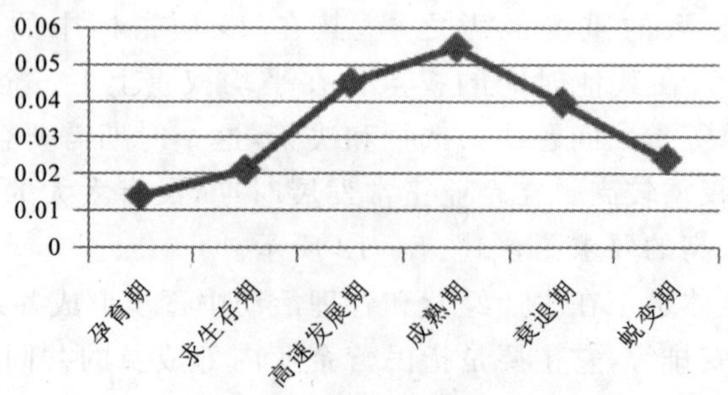

图 5-14　财务及控制在不同时期的权重对比

经济环境是企业外部环境中的重要因素，也是企业生存和发展的重要影响因素，在企业发展的全过程对企业影响的权重都在均值以上，尤其在企业发展的初期，其权重高达10%以上。企业在孕育期和求生存期时，企业规模很小，那么它将较多地受到边界效应的支配，它对环境变化的依存性就极强，环境的微小波动都会影响到企业，此时企业与环境之间就具有线性关系。当企业发展到一定规模并超过一定的临界尺度时，企业与环境间的非线性关系就有机会显露出来，此时企业具有了较强的选择新结构的自主机能，并使之成为相对于其环境有一定自身独特性的系统（李柏洲，2003），如图 5 - 15 所示。

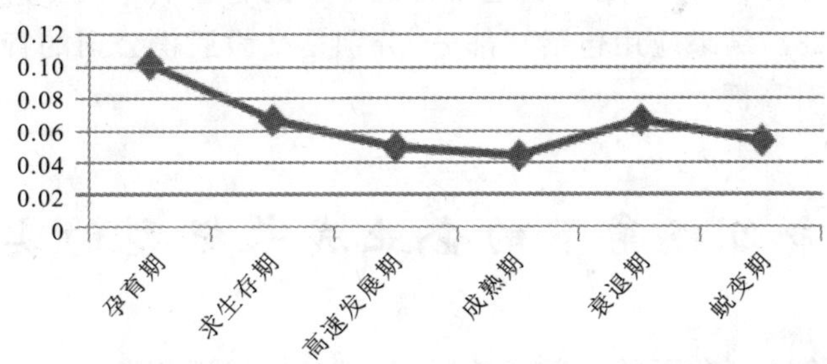

图 5 - 15　经济环境在不同时期的权重对比

本章小结：本章界定了民营企业、介绍了民营企业的发展状况以及特点；通过对专家的调查，确定了民营企业生命力评价各个时期的比较矩阵，利用 MATLAB 编程计算了各级指标权重，得出了民营企业不同发展时期生命力指数计算公式；本章引入了企业名义生命力指数与实际生命力指数的概念，介绍二者的关系，并引入行业、状态量系数和幂律系数，建立了具有主观行为的名义生命力指数与企业客观生命力指数之间的联系。最后分析了评价的主要结论。

6　实证分析与结果应用

实证分析包括两部分:一部分是企业生命力视角下的企业成长模型的实证;另一部分是企业成长评价模型的实证。结果应用包括三部分,分别是文教股份公司的管理诊断、民营企业短寿原因分析和猝死原因分析。

6.1　企业生命力视角下的企业成长模型的实证分析

为了验证企业生命力视角下的企业成长模型,我们选取湖北省上市公司作为考察的对象,考察这些企业的发展状况与企业生命力的关系。

6.1.1　湖北上市公司的数据

截至到 2014 年 12 月 31 日,湖北省上市公司数量为 88 家(不含新三板),我们选取这些上市企业 2007—2013 年年末资产总计(表 6-1)作为企业发展的状态量 $S(t)$。

表 6-1　湖北上市公司数据

证券简称	资产总计 2007 年(元)	资产总计 2008 年(元)	资产总计 2009 年(元)	资产总计 2010 年(元)	资产总计 2011 年(元)	资产总计 2012 年(元)	资产总计 2013 年(元)
湖北宜化	8 788 410 281	11 340 942 887	13 516 000 181	18 745 813 518	26 779 371 267	29 468 018 143	35 354 889 045
鄂武商 A	4 255 635 290	5 178 129 107	5 848 973 236	7 457 438 835	9 695 002 971	11 038 554 973	12 634 382 423
*ST 凤凰	4 853 126 875	5 746 903 561	6 332 329 817	7 776 990 158	8 823 498 248	5 245 940 409	683 074 111
沙隆达 A	1 740 712 080	2 049 481 853	2 039 070 607	2 014 857 636	2 292 650 235	2 405 494 385	2 708 271 174
湖北金环	1 825 273 089	1 050 493 147	1 282 870 555	1 219 654 043	1 175 397 425	1 465 947 720	1 204 078 528
天茂集团	1 324 548 484	1 979 520 898	2 138 637 098	1 976 311 276	1 883 614 535	2 064 727 679	2 156 951 594
湖北广电	758 886 115	775 630 470	943 400 907	987 166 541	966 785 844	3 241 300 582	3 313 504 113
盈方微	200 017 764	241 907 314	266 957 954	304 875 062	295 492 144	299 566 348	406 469 226
襄阳轴承	806 106 410	778 238 927	778 502 532	919 181 720	1 046 155 462	1 319 050 330	2 153 845 404
双环科技	4 180 591 175	5 279 231 935	5 409 510 310	7 016 111 832	8 026 703 367	8 439 734 927	8 964 830 882
大冶特钢	3 440 322 222	3 398 352 436	3 783 505 130	4 537 054 474	4 701 391 303	4 254 177 635	4 501 734 738
中百集团	3 321 971 663	4 146 768 139	4 641 948 352	5 869 000 176	7 838 494 338	7 908 319 486	8 854 963 769
斯太尔	626 055 571	569 449 667	666 477 731	566 783 067	686 683 801	824 508 875	2 407 260 437
长江证券	25 221 209 128	18 190 970 887	35 378 032 645	35 772 643 537	28 662 055 686	31 269 393 216	31 576 225 004

续表 6-1

证券简称	资产总计 2007年(元)	资产总计 2008年(元)	资产总计 2009年(元)	资产总计 2010年(元)	资产总计 2011年(元)	资产总计 2012年(元)	资产总计 2013年(元)
武汉中商	2 325 504 692	2 380 063 408	2 495 568 561	2 636 904 948	2 726 139 970	2 899 853 676	3 011 412 578
京山轻机	1 411 364 280	1 339 442 553	1 318 972 408	1 421 630 556	1 604 442 109	1 461 060 089	1 882 623 952
桑德环境	1 537 626 364	2 485 689 422	2 643 553 938	2 974 357 180	3 783 610 947	6 329 621 475	7 447 253 547
江钻股份	1 528 161 909	1 541 944 467	1 591 300 150	1 656 194 693	1 898 907 265	2 174 080 206	2 339 827 609
湖北能源	3 007 273 813	4 096 484 456	4 775 202 416	28 379 155 989	31 315 053 809	32 104 051 778	31 687 461 850
新洋丰	1 191 899 053	1 206 343 336	1 278 523 108	1 297 336 328	1 214 455 653	1 147 768 727	1 335 650 517
福星股份	5 866 184 045	7 216 118 396	9 445 297 606	15 528 053 352	21 910 226 772	25 497 463 988	27 110 988 725
凯迪电力	4 694 554 543	6 927 822 840	8 713 840 743	9 697 947 841	9 440 006 934	11 634 996 894	11 956 152 087
广济药业	979 149 752	1 207 059 173	1 303 838 953	1 384 415 870	1 506 661 132	1 555 971 979	1 551 825 095
长源电力	11 813 610 341	12 993 685 617	14 825 764 035	15 138 496 561	14 464 577 451	12 361 003 395	11 162 946 961
蓝鼎控股	1 560 491 706	765 388 460	752 976 106	718 989 296	712 100 343	512 896 575	157 955 924
华工科技	2 353 196 867	2 416 853 692	2 986 470 558	3 335 357 495	3 664 706 141	3 969 049 177	4 172 965 693
中航机电	570 461 547	624 013 014	704 935 297	706 069 778	794 135 918	13 198 006 691	14 749 202 083
三特索道	740 606 804	772 074 949	846 136 815	1 000 488 406	1 208 065 351	1 419 779 639	1 671 953 392
武汉凡谷	2 079 120 186	2 258 518 076	2 333 072 916	2 358 260 893	2 311 085 758	2 220 586 669	2 299 439 054
光迅科技	425 143 576	548 363 528	1 299 276 296	1 450 396 349	1 620 563 183	2 515 834 084	2 643 935 751
南国置业	1 365 911 271	1 743 699 220	2 275 907 474	3 687 099 202	4 848 260 426	6 498 100 124	8 012 229 036
永安药业	254 422 562	379 155 966	393 998 572	1 090 711 834	1 160 417 657	1 210 779 715	1 202 353 108
国创高新	468 138 104	462 731 402	575 654 025	1 282 387 434	1 304 578 637	1 558 899 837	1 687 418 664
高德红外	342 594 100	535 745 623	704 898 074	2 510 128 119	2 503 089 084	2 414 403 477	2 721 033 846
宜昌交运		595 597 588	639 886 166	820 005 543	1 316 461 935	1 495 818 563	1 678 797 608
顾地科技			535 394 368	847 248 647	1 193 641 010	1 795 575 043	2 011 413 323
沙隆达B	1 740 712 080	2 049 481 853	2 039 070 607	2 014 857 636	2 292 650 235	2 405 494 385	2 708 271 174
*ST武锅B	2 525 381 209	2 867 879 262	2 100 746 323	1 786 542 558	1 749 077 941	1 623 377 052	1 339 647 874
中元华电	107 788 492	115 989 388	689 145 232	692 561 013	771 636 057	811 779 864	812 611 911
回天新材	228 085 915	272 114 172	908 903 940	913 559 432	940 870 456	1 037 829 183	1 120 332 415
台基股份	191 702 072	198 764 584	243 427 740	894 682 885	952 209 306	915 663 728	907 550 339
鼎龙股份	134 832 624	193 603 397	236 254 444	667 884 737	659 406 556	891 584 276	1 377 453 639
华中数控	347 890 779	405 985 428	459 163 443	549 221 565	1 195 232 136	1 156 232 723	1 300 674 283
力源信息	84 299 351	110 472 073	145 618 490	190 405 692	486 602 003	497 713 113	489 030 272
天喻信息	292 529 978	322 780 731	427 182 005	582 177 943	1 308 601 746	1 421 918 435	1 747 354 113
金运激光	31 711 435	41 159 204	61 452 430	115 957 595	321 690 529	384 991 578	409 620 116
三丰智能		160 620 697	207 896 251	266 117 320	671 303 550	707 533 747	751 925 250
华昌达		90 535 234	149 501 679	361 018 916	858 385 070	744 919 673	846 404 194
华灿光电			252 441 959	774 441 776	1 206 978 735	1 858 434 841	2 465 702 596

续表 6－1

证券简称	资产总计 2007 年(元)	资产总计 2008 年(元)	资产总计 2009 年(元)	资产总计 2010 年(元)	资产总计 2011 年(元)	资产总计 2012 年(元)	资产总计 2013 年(元)
富邦股份			112 690 892	160 345 303	268 100 874	297 313 302	353 384 848
菲利华					332 915 188	406 587 110	421 960 240
武钢股份	64 946 818 870	73 313 637 100	73 324 006 865	76 304 911 019	96 100 673 256	98 727 626 694	94 676 400 616
东风汽车	12 113 017 957	11 114 215 684	14 966 995 207	18 824 274 524	19 408 761 850	18 602 494 764	20 191 845 033
楚天高速	2 941 560 860	2 978 543 172	3 741 185 605	6 011 891 047	9 534 882 183	11 808 728 374	13 100 885 876
葛洲坝	26 135 494 985	31 703 497 291	42 614 513 392	54 561 849 948	66 315 713 741	76 408 098 845	85 824 718 250
人福医药	2 417 131 462	2 554 249 117	3 308 013 491	4 228 280 569	6 170 360 101	7 861 257 548	9 707 005 028
东方金钰	1 123 555 714	1 230 589 670	1 509 437 520	2 583 816 493	3 160 991 511	4 933 474 364	5 175 421 876
美尔雅	1 068 341 781	1 244 154 125	1 498 596 182	2 166 107 316	2 210 449 862	2 563 503 448	2 508 281 743
东湖高新	1 571 183 081	2 454 241 635	2 951 406 339	3 154 149 080	2 993 117 161	7 516 410 736	10 363 385 569
道博股份	222 559 317	199 105 641	150 315 448	151 050 261	169 905 126	183 280 228	193 511 268
兴发集团	2 820 644 049	3 032 936 885	3 639 627 956	6 191 579 426	8 249 043 623	13 801 029 513	15 045 586 391
武汉控股	2 678 462 046	3 176 861 351	3 494 661 229	3 285 290 761	3 188 829 870	3 140 574 754	7 187 776 964
光电股份	877 075 737	1 142 716 433	1 278 888 103	2 550 324 722	2 896 170 197	2 990 043 182	2 523 856 259
凯乐科技	2 430 335 162	2 362 236 086	3 190 368 113	3 350 183 744	4 170 819 095	5 291 808 991	5 487 023 438
武昌鱼	2 513 402 063	3 077 437 735	2 984 513 983	2 896 195 108	2 817 878 418	345 506 603	314 798 698
三峡新材	1 973 552 394	2 025 905 707	2 194 655 500	2 249 522 581	2 515 981 259	3 045 416 170	2 888 524 842
安琪酵母	1 602 036 971	2 034 323 158	2 340 728 293	2 933 693 163	4 028 852 887	5 446 106 881	6 338 873 886
长江通信	1 584 109 518	1 597 569 738	1 586 231 288	2 037 548 133	2 006 192 903	1 995 253 254	1 980 076 123
精伦电子	735 913 861	654 002 954	545 425 358	582 406 782	573 050 651	541 539 205	575 171 308
仰帆控股	390 980 346	78 990 017	76 816 840	72 474 938	57 336 116	172 339 977	172 103 872
烽火通信	4 971 578 396	5 654 387 452	7 241 015 100	8 085 079 752	10 083 600 906	12 534 469 703	14 358 210 491
洪城股份	802 321 668	829 613 495	836 218 761	863 159 551	961 820 734	992 871 482	2 014 454 217
中珠控股	1 328 694 563	1 661 393 819	1 432 290 406	2 124 524 706	2 095 753 845	2 253 680 757	2 640 919 811
万鸿集团	156 873 895	107 608 231	75 803 968	41 114 426	147 682 434	174 014 511	165 952 052
三安光电	0	861 041 103	2 061 989 423	6 018 648 041	9 409 772 616	11 643 148 286	13 346 083 770
中茵股份	14 772 717	1 644 137 670	2 350 784 167	3 358 304 059	4 589 167 658	5 215 262 863	6 336 483 011
长江传媒	2 016 408 223	1 556 920 809	1 068 100 870	93 421 871	3 980 544 640	4 517 351 256	6 377 580 743
祥龙电业	1 168 633 315	1 170 335 178	1 075 752 864	1 216 644 284	1 150 520 814	554 531 764	106 631 238
汉商集团	1 472 848 116	1 485 493 720	1 502 074 766	1 588 325 968	1 665 781 263	1 666 287 478	1 669 412 371
华新水泥	8 513 557 401	10 716 353 587	14 584 162 700	17 812 222 066	21 729 678 063	23 291 418 459	25 824 679 601
航天电子	4 493 472 808	5 231 750 115	5 757 186 243	6 384 081 935	6 795 073 499	7 665 544 820	8 584 721 543
宏发股份	756 130 142	800 656 808	578 142 544	590 491 472	634 472 322	2 961 901 681	4 375 890 755
健民集团	885 695 971	1 159 031 647	1 296 102 502	1 077 594 256	1 168 257 914	1 260 997 367	1 445 383 421
马应龙	1 091 649 414	1 162 889 531	1 435 824 427	1 448 908 862	1 657 623 423	1 842 873 683	2 027 472 915
九州通	4 423 871 155	5 718 885 573	7 167 746 911	8 119 036 157	11 838 746 946	14 803 969 305	18 596 185 610
骆驼股份		816 226 330	1 274 899 702	2 172 256 718	3 910 486 343	4 760 733 208	5 280 747 551
华新 B 股	8 513 557 401	10 716 353 587	14 584 162 700	17 812 222 066	21 729 678 063	23 291 418 459	25 824 679 601
东贝 B 股	1 790 377 012	1 982 939 201	2 564 348 781	2 985 873 923	3 683 342 743	3 807 985 914	3 851 675 304

数据来源：WIND 数据库，数字取整数。

6.1.2 湖北上市公司成长状况分类

根据相邻两年的资产总额，我们可以算出企业当年（当期）的企业的实际生命力指数 f 和企业的规模系数 g，然后，根据 f 的变化趋势，我们可以将这些企业进行分类。根据上表数据，我们先计算这些企业各期的生命力指数，为简化计算，将 $g=0$。

$$f=\ln\left[\frac{S(t_0+1)}{S(t_0)}\right]$$

通过上面的计算，可以得出企业从 2007—2013 年的企业生命力指数，综合这些指数的变化，我们可以把这些企业的成长状况分为以下几类，如表 6-2 所示。

表 6-2 湖北上市企业发展状况分类

类型	数量	公司名称
持续增长型	40	湖北宜化、鄂武商 A、襄阳轴承、双环科技、回天新材、顾地科技、中百集团、桑德环保、福星股份、华工科技、国创高新、中航机电、三特索道、光迅科技、南国置业、宜昌交运、华新水泥、航天电子、马应龙、九州通、骆驼股份、华新 B、东贝 B、天喻信息、金运激光、三丰智能、华灿光电、富邦股份、菲利华、楚天高速、葛洲坝、烽火通信、人福药业、东方金钰、兴发集团、安琪酵母、洪城股份、中茵股份、三安广电、中元华电
持续衰退型	3	蓝鼎控股、力源信息、祥龙电业
阶段增长型	29	沙隆达 A、沙隆达 B、湖北金环、天茂集团、湖北广电、高德红外、盈方微、大冶特钢、斯太尔、武汉凡谷、长江证券、京山轻机、新洋丰、凯迪电力、东湖高新、武汉控股、凯乐科技、中珠控股、万鸿集团、长江传媒、宏发股份、精伦电子、健民集团、鼎龙股份、华中数控、华昌达、东风汽车、广济药业、中元华电
阶段衰退型	2	武昌鱼、长江通信
增长一衰退型	9	湖北能源、长源电力、永安药业、* ST 武锅 B、台基股份、美尔雅、光电股份、三峡新材、ST 凤凰
衰退一增长型	2	道博股份、仰帆电子
维持型	3	江钻股份、汉商集团、武钢股份
合计	88	

6.1.3 湖北上市公司实际发展状态与模拟发展状态的对比

我们用 1～3 个企业实际生命力指数来模拟样本企业 7 年的资产总额数据，然后将模拟数据与实际数据比较，通过比较两组数据的相似性程度来判断模型的准确性。

根据上面的分类，每组选一家比较有代表性的企业来模拟。

持续增长型：在观察期内，企业的生命力指数持续为正，企业的状态量（资产总额）持续增长，我们以湖北宜化为例观察其状态量的变化。观察期内用一个企业生命力指数（$f=0.23$）

来模拟，以 2007 年数据为 $S(t_0)$ 模拟 2008 年以后数据（表 6－3），比较实际数据和模拟数据，其相关系数 r=0.99，属于高度相关，如图 6－1 所示。

表 6－3　湖北宜化资产总计模拟数据与实际数据对比（元）

时间	2007 年	2008 年	2009 年	2010 年	2011 年	2012 年	2013 年
模拟数据	8 788 410 281	11 083 242 850	13 977 302 849	17 627 060 741	22 229 844 610	28 034 508 907	35 354 889 045
实际数据	8 788 410 281	11 340 942 887	13 516 000 181	18 745 813 518	26 779 371 267	29 468 018 143	35 354 889 045

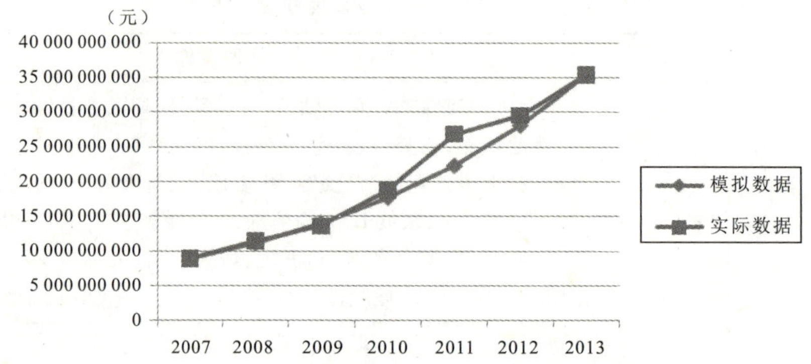

图 6－1　湖北宜化资产总计模拟数据和实际数据对比图

持续衰退型：在观察期内，企业的生命力指数持续为负，企业的状态量（资产总额）持续减少，我们以蓝鼎控股为例观察其状态量的变化。观察期内用一个企业生命力指数（f=－0.38）来模拟，以 2007 年的数据为 $S(t_0)$ 模拟 2008 年以后数据，比较实际数据和模拟数据（表 6－4），其相关系数 r=0.90，属于高度相关，如图 6－2 所示。

表 6－4　蓝鼎控股资产总计模拟数据与实际数据对比（元）

时间	2007 年	2008 年	2009 年	2010 年	2011 年	2012 年	2013 年
模拟数据	1 560 491 706	1 067 160 057	729 789 580	499 074 931	341 298 085	233 400 589	159 613 656
实际数据	1 560 491 706	765 388 460	752 976 106	718 989 296	712 100 343	512 896 575	157 955 924

阶段增长型（衰退型）：在观察期内，企业的生命力指数阶段性的变化，企业的状态量（资产总额）的变化可以分成几个阶段，总体来看其状态量阶段性的增长（衰退），我们以天茂集团为例观察其状态量的变化。观察期分为 3 段，用 3 个企业生命力指数（对应的 f=0.24、－0.06、0.07）来模拟，以 2007 年的数据为 $S(t_0)$ 模拟 2008 年以后数据，比较实际数据和模拟数据（表 6－5），其相关系数 r=0.92，属于高度相关，如图 6－3 所示。

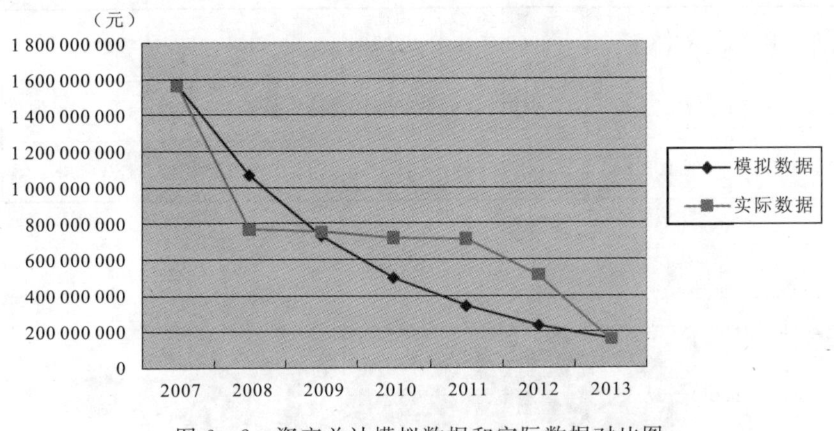

图 6 - 2　资产总计模拟数据和实际数据对比图

表 6 - 5　天茂集团资产总计模拟数据与实际数据对比(元)

时间	2007 年	2008 年	2009 年	2010 年	2011 年	2012 年	2013 年
模拟数据	1 324 548 484	1 683 071 159	2 138 637 098	2 007 079 451	1 883 614 535	2 015 655 073	2 156 951 594
实际数据	1 324 548 484	1 979 520 898	2 138 637 098	1 976 311 276	1 883 614 535	2 064 727 679	2 156 951 594

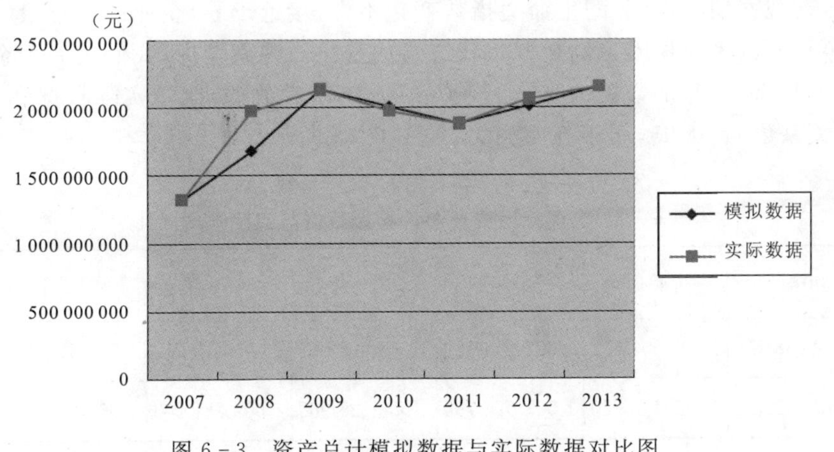

图 6 - 3　资产总计模拟数据与实际数据对比图

增长衰退型和衰退增长型：在观察期内，企业的生命力指数由正转负和由负转正，企业的状态量(资产总额)的变化呈现先扬后抑和先抑后扬的形态，我们以道博股份为例，观察其状态量的变化。观察期分为 3 段，用 3 个企业生命力指数($f=-0.2$、0.0、0.08)来模拟，以 2007 年的数据为 $S(t_0)$模拟 2008 年以后数据，比较实际数据和模拟数据(表 6 - 6)，其相关系数 $r=0.97$，属于高度相关，如图 6 - 4 所示。

表 6-6　道博股份资产总计模拟数据与实际数据对比

时间	2007 年	2008 年	2009 年	2010 年	2011 年	2012 年	2013 年
模拟数据	222 559 317	182 216 157	149 185 971	150 315 448	162 834 780	176 396 812	191 088 385
实际数据	222 559 317	199 105 641	150 315 448	151 050 261	169 905 126	183 280 228	193 511 268

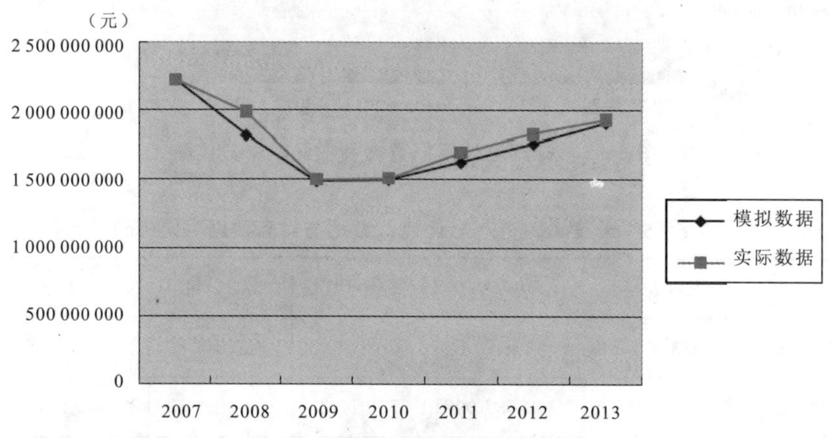

图 6-4　道博股份资产总计模拟数据与实际数据对比图

维持型：在观察期内，企业的生命力指数变化不大，接近于零，企业的状态量（资产总额）的变化也很小，我们以汉商集团为例观察其状态量的变化。观察期内，我们用一个企业生命力指数（$f=0.02$），以 2007 年的数据为 $S(t_0)$ 模拟 2008 年以后数据，比较实际数据和模拟数据（表 6-7），其相关系数 $r=0.95$，属于高度相关，如图 6-5 所示。

表 6-7　汉商集团资产总计模拟数据与实际数据对比

时间	2007 年	2008 年	2009 年	2010 年	2011 年	2012 年	2013 年
模拟数据	1 472 848 116	1 502 601 622	1 532 956 188	1 563 923 957	1 595 517 317	1 595 517 317	1 660 631 614
实际数据	1 472 848 116	1 485 493 720	1 502 074 766	1 588 325 968	1 665 781 263	1 666 287 478	1 669 412 371

通过以上分析，我们可以把企业生命力变化引起的企业的状态量变化用前面的模型来描述和分析。因为企业生命力是一个慢变量，企业 7 年的状态量的变化用 1 个、2 个、3 个企业生命力指数就可以模拟出来，模拟出来的结果与实际数据的相关性均属于高度相关，这样的结果说明前面的模型对企业状态量与企业发展的时间、初始值和企业生命力指数关系的描述是准确的、适用的。

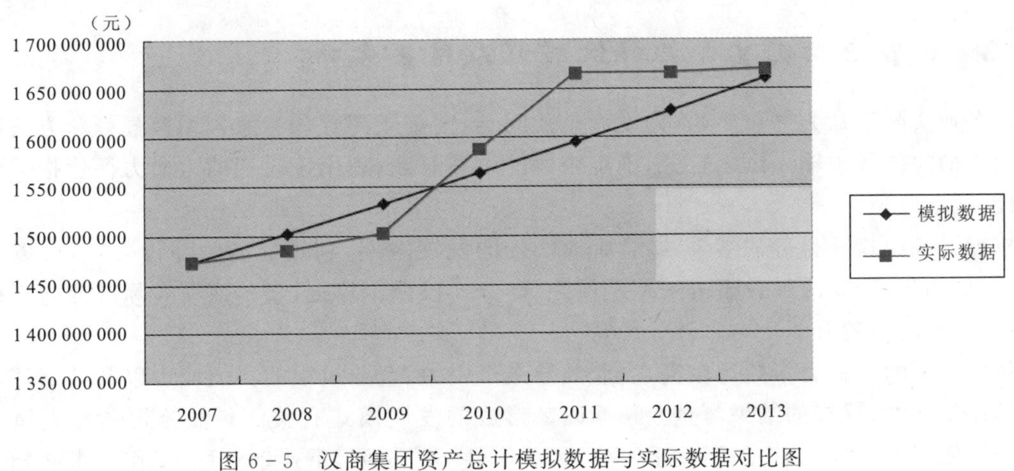

图 6-5 汉商集团资产总计模拟数据与实际数据对比图

6.2 企业成长评价模型的实证分析

为了验证企业成长评价模型，我们选取了不同规模的 3 家企业进行验证，由企业高层管理人员和专家对企业领导人的牵引力因素、企业内部管理自适应力要素和企业外部环境阻力因素进行评价打分，然后用本模型根据企业的发展时期对各企业内部管理进行评价，评价过程及结果如下。

6.2.1 企业及企业领导人基本情况

从企业现场调查得到下面数据，如表 6-8 所示。

表 6-8 样本企业的基本数据

		某科技公司	某通信公司	某文教股份
企业基本情况	创立时间	1998 年	2004 年	1996 年开始，2008 年改股份制
	员工人数(人)	18	300	600
	资产规模(元)	700 万	4000 万	1.8 亿
	企业性质	有限公司	有限公司	股份制
	所属行业	气象服务	通信维护	图书出版
	所处发展时期	高速发展期	高速发展期	高速发展时期
企业领导人基本情况	年龄	52 岁	47 岁	46 岁
	学历	本科	在职研究生	中专后本科
	经历	事业单位下海，一直从事本专业	企业工作后创业	当教师后创业，一直从事本行业

6.2.2 三家企业的生命力评价过程及结果分析

在企业实际生命力评价时，首先设计企业问卷，请企业高管和专家采用模糊判断方法对影响企业生命力的各项输入因素打分，确定企业的发展时期，利用该时期的生命力评价指数公式进行计算。

根据对各项指标打分的结果，结合企业所处的发展时期，利用前面的评价公式，可以得出评价结果，如表 6－9 所示。表中的差距项为(得分－权重)/权重，表示该项实际得分与应得分的差距，数值越小越好。

科技公司的生命力指数比较高，企业领导人牵引力、企业组织的自适应力以及外部环境的阻力都比较均衡，这样的结果与企业长期以来形成的发展模式有关。科技公司领导人属于全能型企业领导人，各项能力差距几乎一样，说明个性不很鲜明，事业上求稳、工作上事必躬亲锻炼出了的全能型，这样的领导在企业的这个时期，不好说需要哪些方面的专才可以弥补自身的不足，所以企业很难找到合适的、满足需要的人才。但以企业领导人现在的精力又不可能像年轻时一样亲力亲为，这样就成了企业目前发展的矛盾。企业领导人本身是具有技术专长的，对本行业非常了解，性格又比较稳重，所以这样小规模的行业，这么多年发展下来，只有 18 名员工。内部管理自适应力各要素项的差距几乎一样，仅有人力资源、企业文化和公司治理差距突出一些，与企业长期以来形成的微型公司的风格有关，人少，企业文化不好得到体现，人力资源管理上每人身兼数职，职能分工不好细化。另外，公司为个人独资，董事长兼总经理，十多个人的公司中还有两位亲属，更谈不上公司治理结构问题。其他管理方面与企业领导人四平八稳的性格一样，管理上没有明显的不足。企业生命力在目前规模是比较强劲的。

通信公司生命力指数不是很高，主要原因在企业内部管理的自适应力比较低(差距达到 72％)。其组织内部管理的自适应力分值较低，差距较大的集中在生产与技术、市场营销和研究与开发。差距较大的几项与企业的发展历程密切相关，企业自成立 10 年来，主要业务来源为单一的服务(电信代理维护)，现阶段企业管理层认识到了单一服务和唯一来源的风险，正加大力度往产品和技术上转型。所以，生产与技术和研究与开发是目前的短板，市场营销也是目前急需解决的问题。以前靠单一客户可以维持公司运转，现在转型搞技术和产品，这些技术和产品需要销售出去，市场营销人员、渠道和管理都成为现在的短板，是企业目前转型成功的关键要素之一。公司战略转型阶段，其他管理要素得分不很高，也在情理之中。该公司的外部环境阻力得分也不高，差距较大的集中在经济环境、人才环境和技术环境。差距较大的几项与企业目前的转型密切相关，企业正加大力度往产品和技术上转型，所以，人才环境和技术环境是目前适应得不是很好的方面。领导人心理素质、职业操守及学习能力在企业目前的发展时期是没有问题的，但关系能力、创新能力和战略能力有待提高或者弥补，所以企业领导人需要战略谋划、需要创新，如果在原来单一服务基础上开创更大的市场份额，尤其需要提高关系能力。以上是对组织内部管理的自适应力、外部环境的阻力及企业领导人的牵引力分析，差距之所以大，都集中指向公司目前的转型升级，如果现阶段转型顺利，有可能迎来公司的下一轮发展。

表 6-9 样本企业的生命力评价表

内容	权重	科技公司		通信公司		文教股份	
		得分	差距	得分	差距	得分	差距
生理素质	0.0207	0.014 49	0.3	0.015 732	0.24	0.017 388	0.16
心理素质	0.0608	0.042 56	0.3	0.055 936	0.08	0.051 072	0.16
职业操守素质	0.0608	0.042 56	0.3	0.055 936	0.08	0.051 072	0.16
行业胜任素质	0.0924	0.073 92	0.2	0.070 224	0.24	0.077 616	0.16
创新能力	0.1630	0.1141	0.3	0.110 84	0.32	0.0978	0.40
管理能力	0.1630	0.1141	0.3	0.0978	0.4	0.110 84	0.32
关系能力	0.1077	0.075 39	0.3	0.056 004	0.48	0.056 004	0.48
战略能力	0.1077	0.075 39	0.3	0.073 236	0.32	0.073 236	0.32
学习能力	0.0608	0.042 56	0.3	0.055 936	0.08	0.0608	0.00
执行能力	0.1630	0.1304	0.2	0.123 88	0.24	0.0978	0.40
企业领导人牵引力		0.725 47	0.2	0.715 524	0.24	0.693 628	0.4
组织结构	0.1025	0.0615	0.4	0.0533	0.48	0.0697	0.32
生产与技术	0.1305	0.091 35	0.3	−0.005 22	1.04	0.046 98	0.64
人力资源	0.1163	0.058 15	0.5	0.023 26	0.8	0.060 476	0.48
市场营销	0.1465	0.102 55	0.3	0.005 86	0.96	0.076 18	0.48
研究与开发	0.1163	0.081 41	0.3	0.004 652	0.96	0.051 172	0.56
企业文化	0.0602	0.0301	0.5	0.036 12	0.4	0.040 936	0.32
公司治理结构	0.0536	0.0268	0.5	0.019 296	0.64	0.032 16	0.40
计划与决策	0.0901	0.054 06	0.4	0.039 644	0.56	0.032 436	0.64
安全与环保	0.0676	0.047 32	0.3	0.024 336	0.64	0.035 152	0.48
财务及控制	0.1163	0.069 78	0.4	0.032 564	0.72	0.079 084	0.32
内部管理自适应力		0.623 02	0.4	0.233 812	0.72	0.524 276	0.32
经济环境	0.2968	0.207 76	0.3	0.035 616	0.88	0.178 08	0.40
政治环境	0.1141	0.057 05	0.5	0.050 204	0.56	0.077 588	0.32
技术环境	0.1818	0.127 26	0.3	0.065 448	0.64	0.094 536	0.48
社会环境	0.0736	0.044 16	0.4	0.032 384	0.56	0.044 16	0.40
人才环境	0.2968	0.178 08	0.4	0.083 104	0.72	0.178 08	0.40
自然环境	0.0368	0.022 08	0.4	0.022 08	0.4	0.019 136	0.48
企业外部的阻力		0.636 39	0.4	0.288 836	0.4	0.591 58	0.48
企业生命力指数(名义)		0.670 042		0.456 276		0.610 149	

文教股份企业生命力得分比较高，且三要素的发展都比较均衡，与企业在该行业的长期积淀有关。企业之所以能有今天的辉煌业绩，与企业领导人极强的学习能力是分不开的。但企业发展到现阶段需要企业领导人在关系能力、创新能力和执行力上有所提高或者弥补。企业资产规模近2亿元，作为企业领导人需要与政府、与客户、与竞争对手、甚至与员工关系融洽，关系能力是不可或缺的。企业凭着对某细分市场的精耕细作，抢得了该领域的先机，为企业的前期发展奠定了基础。但随着跟随者的进入，利润率必然下降，还有市场的局限性，需要企业在产品和服务上创新，这样需要企业领导人提升或者弥补创新能力的不足；企业人员已经达到600人，到了这样的规模，需要企业用制度约束和管理，企业在发展过程中有不少企业的“元老”和老部下，可能在制度执行时不坚决，这也是作为该企业领导人要加强的。该企业的内部管理自适应力得分比较高，每项差距比较平均，这样的结果与公司一直以来在管理方面的努力是分不开的。差距偏大的是生产与技术、研究与开发和计划与决策，企业的产品相对比较单一，企业现在想扩展产品线，但是扩展的产品没有优势，尤其在生产方面，需要委托第三方生产，研究与开发方面的不足与产品扩展密切相关，开发哪些适合自己客户的、自己又有核心技术的产品是研发要解决的主要问题。计划与决策的偏离也与产品转型有关，企业急需扩展产品线，做什么不做什么，企业很难决策；计划与决策的偏离还与公司的决策机制不健全有关，企业领导为一股独大，还没有建立有效的企业集体决策机制。外部环境的阻力得分比较高，每项差距比较平均，这样的结果与企业一直以来在行业的积淀有关。差距偏大的是技术环境和自然环境。技术环境得分差距偏大与企业目前的转型有关，企业现在想扩展新的产品线，这些新的产品线在目前的技术环境下实现有难度，这样在技术环境方面得分就会偏低；现在要扩展新产品线以及配套的服务在武汉本地区没有优势，很多委托第三方生产的产品都在外地，相比企业的老产品来讲，新产品的自然环境得分偏低就在情理之中。通过对该企业三要素的评价，差距比较大的地方比较明显，如果能克服或者弥补暂时的不足，企业转型可能很顺，这样企业可能迎来下一轮生命周期。

以上分析，与三家企业的实际情况基本相符。

6.3 本书结果的应用

本书结果中包含大量的数据和信息，其应用是多方面的。

6.3.1 应用之一：文教股份公司的管理诊断

本书的结果可以对企业的生命力进行评价，从而找到提高企业生命力的途径。通过本例的分析，我们也可以了解企业实际生命力与名义生命力的换算。

6.3.1.1 现有数据分析

通过前面分析可以看出，2014年文教股份公司的名义生命力指数为0.610 149。

对企业名义生命力单项贡献在5%以上的是企业领导人的创新能力、管理能力、战略能力、执行能力，企业组织内部的财务及控制，企业的经济环境，其中单项贡献在7%以上是企业领导人的创新能力、管理能力和执行能力。

与这一个时期对企业的要求相比，差距最小的是企业领导人的学习力，其次是企业领导人的生理素质、心理素质、职业操守素质和行业胜任素质。

与这一时期对企业的要求相比较，差距比较大的项分别是企业领导人的创新能力、关系能力、执行能力，组织内部的生产与技术、人力资源、市场营销、研究与开发、计划与决策、安全与环保，企业的技术环境和自然环境共 11 项，这 11 项的差距超出所在分项的平均差距。

6.3.1.2 改进后数据预测

26 项指标中，对企业生命力的单项贡献在 5%以上的企业领导人素质占 4 项；与这一时期对企业的要求相比差距较小的，全部 26 项指标中，只有企业领导人的 5 项。这些数据表明，企业之所以能取得比较好的业绩，与企业领导人的素质是分不开的。

26 项指标中，与对这一时期企业的要求比较，差距较大的 11 项中，企业领导人素质占 3 项，企业组织内部管理占 6 项，外部环境占 2 项。这些数据表明，企业还有较大的改进空间，尤其是企业内部管理。

2014 年企业半年报实际资产总额为 2.3 亿元，据此估计企业 2014 年实际资产总额为 2.6 亿元。结合 2011—2013 年年报公布的数据，可以测算出企业 2012—2014 年企业实际生命力数据，如表 6-10 所示，其中 2014 年企业实际生命力指数为 0.642 425。

表 6-10 文教股份资产总额及生命力指数

时间	2011 年	2012 年	2013 年	2014 年	2015 年
资产总额(实际)(元)	9538	12 106	18 857	26 000	52 436
生命力指数(实际)		0.238 417	0.443 183	0.642 425	0.7015
资产总额(模拟)(元)	9538	15 826	26 259	43 572	72 298

结合 2014 年实际生命力指数和名义生命力指数(2014 年 7 月调查)，可以得出该企业的行业状态系数为 0.949 76。

如果 2015 年将现在差距比较大的这 11 项指标的差距分别减少到所在大类的平均差距，企业的名义生命力指数可以提高到 0.666 244，实际生命力指数达到 0.701，企业 2015 年的资产总额预计达到 52 436 万元。如果维持 2014 年的企业生命力水平，文教股份公司 2015 年的资产总计预计达到 49 428 万元。

根据文教股份 2011—2013 年实际生命力指数的平均值来模拟该企业这 5 年的数据，模拟数据与实际数据的相关系数为 0.987，属于高度相关，如图 6-6 所示。

企业可以根据以上分析，有针对性的改进，本着“关键的少数、次要的多数”的原则，将目前影响企业生命力的少数指标改善，企业生命力会大幅提高。企业定期的对企业生命力进行评价，会不断地发现要改进的方面，一方面可以预警，另一方面可以作为下一阶段努力的方向，如此循环往复，企业的生命力会不断地得到加强。

企业还可以根据以上预测企业生命力改进后的数据和企业资产总额数据，确定企业下一步的工作重点，编制企业下一年的销售预算、生产预算等，这样制订企业的目标和计划就比较有针对性。

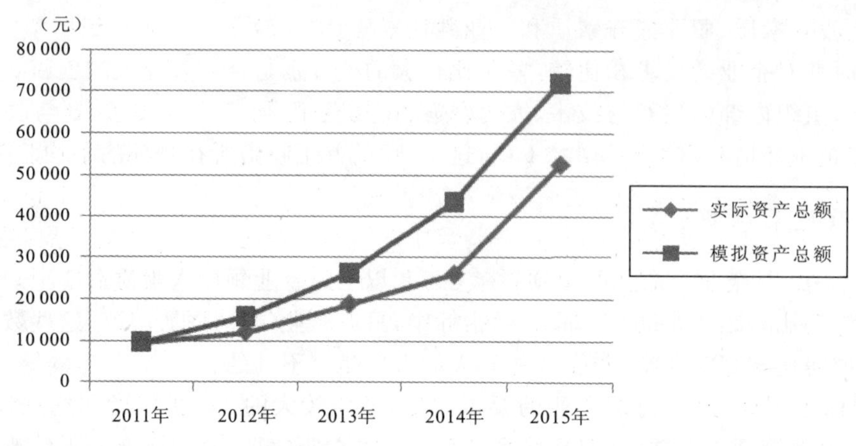

图 6－6　文教股份实际资产总额与模拟资产总额对比

6.3.1.3　对策与建议

企业经过近 20 年的发展，企业资产规模从成立之初的不足 5 万元，发展到 2014 年 6 月的 2.3 亿元，应该说企业在企业领导人的带动下取得了巨大的成就。如何在后面的发展中做得更好，我们提几点建议。

首先要认识到企业还可以做得更好。虽说企业取得了巨大的成绩，但相比同时期甚至后面发展起来的学而思教育（2003 年成立，公司名：好未来，2014 年 6 月资产总额 3.16 亿美元，数据来源 imeigu.com）等教育类企业还有差距，并且企业自身还有很多可以改进的地方。

（1）对企业领导人的建议。企业领导人无论学识，还是人品都为员工所称道，这是很难得的。企业领导人对教育的热爱和执著的追求，是企业领导人的动力源，对员工的激励作用也是最强大的。企业领导人的学习力是广大员工有口皆碑的，这一点对企业组织的学习力的提高也是有极大的促进作用的。但是，企业领导人也要知道自身的不足，比如关系能力就是有待改进的。

企业发展的规模越大，其与外界的交界面也就越大，对企业领导人的关系能力要求越高。企业领导人是企业的第一形象代言人，比如阿里巴巴的马云、华为的任正非等，他们能陪同李克强总理出席 2015 年度达沃斯论坛，可见他们的关系能力非同一般。文教股份领导人在学习别的企业先进的管理经验时，不妨也学习别的企业领导人的关系能力。当然，企业领导人在知道自身这些方面不足时，一方面自身努力提高，另一方面培养或者引进这些方面的职业经理人来弥补自身的不足。

企业领导人创新能力改进的建议。第一，可以通过多学习国内外先进的技术和理念减小差距；第二，可以多走出去与其他企业或者企业家交流以增加自己对一些事情的认知；第三，可以通过一些方法借“外脑”，比如举办产品创新大赛就是比较好的方式。关于第二点，对文教股份公司的企业领导人应该来说是比较好的方法，企业领导人自创办企业这些年来，一直专注于自己企业的发展，与外面的企业交流不是很多。我们现在所处的信息时代，从产品、技术到销售方式都和传统的有极大的差别，需要企业领导人的创新能力。

企业领导人在执行力方面的差距，可以用制度来约束自己。

(2)对企业组织内部管理的建议。企业组织的内部管理应该说也是做得很好的，组织结构、企业文化和财务与控制与这时期对企业的要求差距就比较小。企业组织内部差距最大的是生产与技术、计划与决策，其次是研究与开发。

对企业在生产与技术、研究与开发方面改进的建议有两点。第一，引进专业人才。企业发展的近 20 年，企业的高层团队一直非常稳定。企业团队的稳定对创业期的企业是非常重要的，企业的发展也得益于稳定的团队。但是近乎一成不变的高层团队也不利于企业现在的发展，尤其是企业在高速发展的时候，有些高层管理人员不一定能跟上企业的发展，这就需要引进高级管理人员。第二，可以通过加盟或者收购专业的公司以弥补企业的不足。

对计划与决策改进的建议。有针对性地考核和引进先进的计划与决策方法可以帮助企业提高计划与决策的有效性。

(3)环境改善方面的建议。一般来讲，我们很难改变环境，但是我们可以选择环境。文教股份公司在技术环境和自然环境方面差距较大，差距主要体现在产品生产、研发和物流方面。这些方面的改进可以考虑在武汉总部之外的地方建专业的机构来弥补环境方面的不足。

(4)企业目前处在高速发展期，从企业生命力指数的变化趋势(图 6－7)来看，生命力指数增长有放缓的趋势，企业接下来有可能进入成熟期。成熟期企业的特征又与高速发展期很不一样，需要企业领导人高度重视。

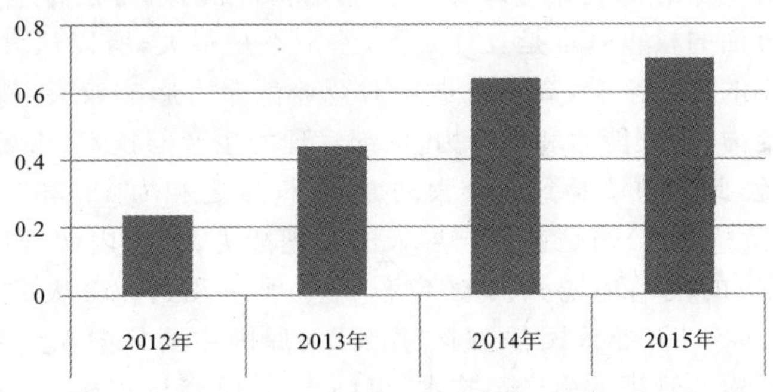

图 6－7　文教股份企业生命力数据

6.3.2　应用之二：民营企业“短寿”的原因分析

绪论中就提到了我国民营企业“短寿”已是不争的事实，学界对“短寿”原因的分析也是五花八门。应用本书的模型和结果，我们可以对民营企业短寿进行分析。

按照平均寿命只有 7 年，也就是说我国很多民营企业在孕育期或者求生存期就夭折了，研究民营企业短寿应该重点研究这两个时期民营企业的重要影响因素。

本书的研究结果表明，在企业发展的孕育期和求生存期对企业成长影响最大的因素是企业领导人的牵引力，其影响权重达 50%以上。从大的方面来看，企业“短寿”的主要原因只能是企业领导人的牵引力不够。从小的方面分析，在孕育期对企业成长影响较大的是企业领导人的心理素质、创新能力、关系能力和外部环境中的经济环境，此 4 项的权重达到 45.6%；求生存期对企业成长影响较大(权重在 6%以上)的是企业领导人的心理素质、行业胜任能力、创新能力、关系能力、执行力和外部环境中的经济环境，此 6 项的权重达到 52.2%。所以，从小的方面来看，民营企业“短寿”的原因主要集中在企业领导人的心理素质、创新能力、关系能力、行业胜任能力、执行能力以及外部环境中的经济环境6个方面。

当然，个体企业短寿的主要原因可能不同，与这里的结论不矛盾。

6.3.3　应用之三：民营企业“猝死”的原因分析

很多民营企业已经度过了孕育期和求生存期，达到了高速发展期甚至是成熟期，却突然破产或者重组，我们把企业发展过程中的状态量的突然逆转称为企业的“猝死”。比如前面分析的无锡尚德，该企业从2001年创办到2011年的十几年时间，企业的发展都是比较正常的，2012年企业状态量才开始下降，2013年3月就破产。就其破产的原因，表面上看是无力支付到期的企业债券；也有专家认为是企业领导人施正荣(重大决策失误)的问题，更多的认为是光伏产业(太阳能组件的价格已经从2010年1.4美元/瓦，下跌到了目前的70美分/瓦)的问题，还有认为是财务及控制(发行企业债券、负债率过高)的问题不一而足。类似的企业还有很多，比如东星航空、三株公司、巨人集团、太阳神、亚细亚等。

民营企业的“猝死”一般发生在高速发展期和成熟期，所以研究民营企业的“猝死”应该重点分析这两个时期的重要影响因素和企业系统的幂律行为的影响。

本书研究结果表明，企业在这两个时期，企业领导人的牵引力、企业内部组织的自适应力以及外部环境的阻力对企业的影响势均力敌。尽管外部环境的阻力在高速发展期的权重小一些，但到了成熟期，三方面的权重基本是三分天下，差别不是很大，所以从大的方面来看，没有明显的影响因素。从小的方面来看，高速发展期对企业生命力影响较大(权重在5%以上)的是企业领导人的创新能力、管理能力和执行力、内部管理的生产与技术、市场营销、外部环境中的经济环境和人才环境，此7项涉及到3个大的方面，权重之和为42.36%；成熟期对企业生命力影响较大(权重在5%以上)的是企业领导人的管理能力、企业内部管理的研究与开发和财务与控制、外部环境中的技术环境和人才环境，此5项涉及到3个大的方面，权重之和为33.3%，所以从小的方面分析，导致民营企业“猝死”的原因主要集中在企业领导人的创新能力、管理能力和执行力、内部管理的生产与技术、市场营销、研究与开发、财务与控制，外部环境中的经济环境、人才环境和技术环境10个方面。

以上分析，在这两个时期影响企业生存和发展的因素比较分散，说明引起民营企业“猝死”的原因不是某一个或者有限的几个因素，所以从这个角度来看，有必要从企业系统的幂律行为来分析民营企业“猝死”的原因。

企业发展到这两个时期，企业组织以及各子功能模块都得到了比较好的发展，各子功能模块都到了可以独立运作的能力，我们可以把这种能力理解为独立运行的惯性。各子功能模块这种独立运作的能力的提高对提高企业的效率是很好的，但各子功能模块这种能力的提高，也就是各自都有了自身发展的惯性，都有按自身的需求发展的可能。这个时候，协调的难度就会很大，这也就是企业内部组织的自适应力在成熟期的权重是最高的原因。这两个时期，企业系统中各子功能模块发展的不均衡能够协调一致，相互之间的影响就是正反馈，企业向着好的方面发展，可能达到另一个高度。如果各子系统的发展不均衡，不能协调一致，相互之间的影响就是负反馈，企业向着坏的方面发展，企业状态量加剧恶化。

本书认为民营企业“猝死”的主要原因在于企业系统运行时的幂律行为所致，造成某些子功能模块发展的不均衡或者突变造成的企业子功能模块间相互破坏性加强的结果。在无锡尚德的案例中，是企业组织的财务及控制子模块的突变引起的一系列的相互的负反馈造成的结果不可控。首先是财务及控制模块的问题，对企业的采购行为没有制度约束，任由企业领导人与供应方签订长期高于市场价格的采购合同，企业的运行成本没有竞争力，然后是董事会罢免了施正荣的董事长职位，接着是施正荣的不配合企业的发展，最终企业的发展在没有企业领导人控制的情况下滑向重组的结局。

本章小结：本章利用湖北省上市公司的数据验证了企业状态量与企业实际生命力的关系；利用三家企业的生命力分析验证了企业成长评价模型；最后利用前面的结果和模型对民营企业“短寿”和“猝死”的原因做了分析。

7 生命力视角下民营企业成长对策

提高企业生命力、促进企业健康成长是学术界和企业界共同的目标，下面介绍民营企业广阔的发展空间和提高民营企业生命力的对策。

7.1 民营企业面临广阔的发展空间

根据2012—2013年中国民营经济分析报告，民营企业面临广阔的发展空间。

当前，我国经济正处于调结构、转方式的攻坚时期，转型带来的阵痛不可避免，民营经济以往大量依靠要素投入和规模扩张的增长模式已经不可持续。实践证明，作为中国最富发展活力、内生动力和创新精神的民营企业群体，民营经济能够适应市场经济的变化，每一次变革和调整都能够推动民营经济在更高层次上取得新的发展。展望未来，对民营经济而言，加快转型升级既是压力也是动力，既是挑战也是机遇。

7.1.1 国家层面大力扶持民营企业的发展

民营经济的蓬勃发展得益于党的改革开放政策，得益于党的关于非公有制经济的理论创新。党的十八大报告明确指出，要加快完善社会主义市场经济体制和加快转变经济发展方式，把推动发展的立足点转到提高质量和效益上来，着力激发各类市场主体发展新活力，着力增强创新驱动发展新动力，着力构建现代产业发展新体系，着力培育开放型经济发展新优势，使经济发展更多依靠内需特别是消费需求拉动，更多依靠现代服务业和战略性新兴产业带动，更多依靠科技进步、劳动者素质提高、管理创新驱动，更多依靠节约资源和循环经济推动，更多依靠城乡区域发展协调互动，不断增强长期发展后劲，促进工业化、信息化、城镇化、农业现代化同步发展。在当前民营经济遇到发展瓶颈，以往的不计环境成本、不计能源资源、不计重复低端的粗放式及数量式增长已经难以为继的背景下，这一系列政策举措，为当前和今后一个时期民营经济转型升级、科学发展指明了前进的方向。

党的十八大再次强调坚持“两个毫不动摇”，充分体现了在全面深化经济体制改革中，大力发展民营经济的决心和信心；在坚持平等保护物权，形成各种所有制经济平等竞争、相互促进新格局的基础上，强调保证各种所有制经济依法平等使用生产要素、公平参与市场竞争、同等受到法律保护，充分体现了以权利公平、机会公平、规则公平为原则的改革取向；特别提出加快发展民营金融机构，鼓励引导社会力量兴办教育和医疗，支持小微企业特别是科技型小微企业发展，充分体现了民营经济的发展领域在不断拓展。

这一系列理论与实践的创新，为民营经济指出了一条具有中国特色的发展道路。党的十八大深刻阐述我国发展仍处于可以大有作为的重要战略机遇期。和平与发展仍是当今世界的时代主题，世界和平的外部环境为我国发展创造了十分有利的条件；是解决我国所有问题的关键，即便发展过程中遇到许多问题和困难，但只要全面把握机遇，沉着应对挑战，中国就能够在发展中赢得主动、赢得优势、赢得未来。因此，准确判断我国仍处于重要战略机遇期的基本面没有改变，紧紧抓住21世纪头20年的重要战略机遇，积极应对形势变化带来的风险挑战，坚定发展信心尤为重要。

7.1.2 国际环境总体有利

综观世界经济形势，未来一段时期经济低速增长态势很难改变，发达经济体需求疲软使世界经济复苏进程缓慢。美国房地产市场近期出现一些积极变化，但投资和消费动力明显不足，失业率仍然较高，“财政悬崖”后续影响仍需进一步观察。欧元区受主权债务危机影响，经济可能陷入长期低迷。日本在宽松货币政策的刺激下，出口可能出现复苏，但债务问题日益严重，经济体出口导向型模式受到较大冲击。美欧日的量化宽松货币政策，导致世界经济运行的潜在通胀和资产泡沫压力再度加大。在世界经济增长的不确定性中可以确定的是，全球经济复苏低迷将长期化。与此同时，全球经济的低迷加快了全球产业调整和转移制造，产业趋向高端化，高附加值环节集中在发达国家，低附加值环节转向发展中国家；新兴产业迅速崛起，以低碳技术、绿色制造、循环经济为特征的绿色产业方兴未艾。科技革命已经进入创新密集的阶段，云计算、大数据技术、IPV6互联网协议等科技的突破，将快速推动产业的优化升级，加之新能源、新材料领域的不断创新发展，一批新的经济增长点正在形成。产业调整的加快与技术变革的孕育正在交织交会，其中蕴含的重大机遇不言而喻。主动开展技术创新和服务创新，抢抓国际经济技术制高点，已经成为许多企业谋求新的生存发展空间的广泛共识。此外，我国在推进贸易便利化、加快实施自由贸易区战略等方面所做的不懈努力，以及发达国家股市不振、重点产业板块价值重估，在客观上增加了国内企业低成本收购兼并海外优质资产的机会。2012年国家发改委、中国人民银行等13个中央部委还联合出台了《关于鼓励和引导民营企业积极开展境外投资的实施意见》，我国民营企业正迎来阔步走出去的大好机遇，特别是一批跨国民营企业集团已经逐渐形成。

7.1.3 新一轮发展可以预期

从国内看，我国经济社会发展基本长期面向好的趋势没有改变，市场潜力巨大，社会生产力基础雄厚，生产要素综合优势明显，市场经济体制日趋完善，抵御风险能力显著提高。虽然当前外需市场增长动力不足，扩大内需存在较大制约，产能相对过剩矛盾有所加剧，金融领域存在潜在风险，部分企业生产经营遇到困难，经济增长下行压力仍然较大，但从近期看，我国经济运行主要指标开始回升，呈现稳中有进的良好态势，这为民营经济实现新一轮发展提供了大好机遇。

一是深化改革的红利将极大释放民营经济的发展潜力。改革是我国发展的最大红利。随着重点领域和关键环节改革的扎实推进，国家出台关于着力打破垄断、深化行政审批改革、加快政府职能转变等一系列政策措施，将有力地推动金融体制、结构性减税、收入分配等方面的改革，由此释放出的制度红利将成为我国经济发展的强大动力。2012年，国务院出台了42项“民间投资36条”实施细则，取消调整了314项行政审批项目，在10个省区市开展营改增试点，支持民营资本通过多种形式进入银行业，包括参与城市商业银行重组、农村信用社股份制改革或农村商业银行增资扩股、村镇银行发起设立或者增资扩股等，设立了温州金融综合改革试验区和泉州金融服务实体经济综合改革试验区。2013 年 7 月《国务院办公厅关于金融支持经济结构调整和转型升级的指导意见》（国办发[2013]67 号）明确提出扩大民间资本进入金融，鼓励民间资本投资入股金融机构和参与金融机构重组改造，尝试由民间资本发起设立自担风险的民营银行金融租赁公司和消费金融公司等金融机构。这些举措，为缓解企业审批难、融资难、税费重等实际困难，加快民营经济调结构、转方式提供了有利的体制条件。

二是经济结构的战略性调整将倒逼民营经济转型升级。转方式、调结构是民营经济当前面临的紧迫任务。目前，一些产业存在产能过剩问题，一些新兴产业也存在一哄而上、盲目扩张现象。加快产业结构调整，提高产业质量与效益，关键是解决产能过剩、核心技术缺乏、产品附加值低等问题，根本之策就是实施创新驱动发展战略。产业结构调整，表面上将对处于产业链低端、技术程度低、粗放式发展的民营企业形成压力，但可产生一种倒逼机制，倒逼企业加快技术创新，加强产品创新、品牌创新、管理创新、商业模式创新，加速淘汰落后产能和产业结构重组。有条件的企业能够通过实施上下游、跨地区重组整合，推动产业结构实现优化。当前，我国第三产业占比约为 43%，远低于发达国家 80%左右的水平。为推动第三产业健康发展，国家启动了营业税改增值税的试点工作，这对发展服务业是一个利好。民营企业量多面广，机制灵活，在发展公共服务业，特别是生产性服务业，提供行业化、专业化服务方面，有着广阔的发展空间，不容忽视。在改善需求结构的过程中，国家提出要培育一批拉动力强的消费增长点，民营企业能够在文化、教育、旅游等领域寻找更大发展空间。此外，在国家继续实施区域发展总体战略的过程中，民营企业可以充分利用区域间发展阶段和资源禀赋的差异，优化投资结构、有序转移产能。

三是新型城镇化建设将有效拉动民间投资。城镇化是我国现代化建设的历史任务，也是扩大内需的最大潜力所在。2012 年底我国城镇化率达到 52.57%，距发达国家 80%左右的水平还有很大差距。据测算，城镇化率每平均提高 1 个百分点，将有 100 多万农业人口市民化，进而带动 100 多亿元的消费需求，相应的投资需求会更多，合计将拉动 GDP 增长 1.5 个百分点。城镇化可拉动消费、带动投资和促进产业集聚。这是中国经济发展强大而持久的动力，也为民营经济提供了广阔的投资发展空间。国家提出要合理引导社会资金投入城镇建设，民营企业可以在城市基础设施、公共服务设施建设等领域寻找更多机会。新型城镇化建设的关键在于人的城镇化，随着农业转移人口的大量出现，民营企业实现新发展的人口红利将逐渐显现。

四是保障和改善民生将为民营经济提供更大需求空间。党的十八大报告强调，要千方百计提高居民收入，努力实现居民收入增长与经济发展同步、劳动报酬增长与劳动生产率提高同步。目前，我国城镇居民收入和农村居民收入的很大一部分来自工资性收入，这就使得改善民生与民营经济发展之间存在着必然联系。提高职工工资收入水平，表面看会增加企业成本，实际上会直接使社会购买力显著增强，企业产品将面临更加广阔的需求空间，为民营企业带来更多的发展机会。相比于发达国家，我国有 13 亿人口的国内市场规模，但居民消费占 GDP 比重仍低于国际平均水平，扩大内需的空间很大。而企业效益的提高，也为职工工资的稳步增长创造了更为有利的条件，符合保障和改善民生的内在要求。

7.2 提高民营企业生命力、促进企业健康成长的对策

民营企业作为我国国民经济的生力军，如果“短寿”问题不能得到有效遏制，企业寿命不能得到延长，无疑会造成大量社会资源的浪费，甚至会影响到国家的经济政策和长治久安。提高民营企业生命力、遏制企业“短寿”、延长民营企业寿命，首要任务是提高民营企业领导人的素质，解决好民营企业领导人素质问题可以解决影响企业生存和发展的大部分问题。如何提高民营企业的生命力，遏制短寿、延长企业寿命，下面从企业领导人自身、企业组织和政府3个方面探讨具体的方法和措施。

7.2.1 提升民营企业领导人自身的素质

企业领导人素质问题首先企业领导人自己要身体力行，为提高企业生命力，遏制短寿、延长企业寿命有意识的开展活动。

第一，从思想高度认可企业领导人自身素质对企业的影响，自身的素质的高低直接关系到企业的生死存亡。只有从思想高度认识到自身素质的重要性和后果的严重性，才能产生行为动机，有意识的、有目标的、有步骤的提升自身的素质。

第二，企业家要有意识地养成自信开朗、乐观豁达、坚强耐挫的性格，使心理素质明显提高(潘慧，2007)。从上面的分析可以看出，在孕育期和求生存期，企业领导人的心理素质占据26项指标之首，说明企业领导人心理素质对企业生存和发展的重要性。因为心理素质的好坏直接影响一个人的决策、组织、交往等能力，这些能力对一个管理者是至关重要的，许多企业的决策失误、人际冲突、铤而走险等因素，与企业家的心理状况有直接的关系(张卫萍，2006)。而民营企业领导人的心理素质并没有想象中的理想，《中关村》杂志和北京佰众体检中心共同组织了为中关村成功企业家进行的健康体检活动(2003年11月)，在心理健康9项测查中，被测试企业家46%的心理健康轻度异常，远远高于该体检中心同龄人11%的比例。

第三，加强自身学习做学习型企业领导人，并促导员工学习，打造学习型组织。在当今日新月异、科学技术突飞猛进、企业环境复杂多变的时代，只有加强学习才能跟上时代。学习的内容是多方面的，通过学习提高自己的心理素质、创新能力、关系能力，以及企业管理的能力。企业领导人加强自身学习的同时，还应意识到学习不仅仅是个人的行为，应该将其发展为集体行为，建立学习型组织。

第四，用制度和方法来弥补自身不足。企业领导人素质是多方面的，与先天性因素有关，也与后天的学习培养有关。为减小因自身素质问题对企业的影响，企业领导人自觉地改造自己的同时，可以用制度和方法来弥补自身不足，比如在决策方面，建立有效的决策机制和制度；在处理企业关系方面，可以聘请相关专家和建立相应组织来弥补。

第五，重视民营企业接班人的培养。俗话说“打江山难，守江山更难”，如何打破富不过三代的魔咒，选定合适的接班人，这是当今创一代民营企业家们不得不面对的现实难题。刘永好将接力棒交给了女儿刘畅，何享健退出美的集团时将重任留给了“外人”方洪波，碧桂园杨国强将其持有的股份悉数转让给女儿杨惠妍等。正如方太集团的茅理翔谈就将接班人问题列入民营企业的四大瓶颈(制度、专业化与多元化、人才、交接班)之一(李继凯，2005)。每一个企业家

选定接班人时，必然经过慎重的考虑和长期的观察。方太集团原董事长茅理翔是最早有计划培养接班人的企业家之一，对于方太的交接班计划，茅理翔归纳为“带三年、帮三年、看三年”三个阶段，茅理翔用9年的时间，通过两代人共同创业，教儿子茅忠群独立创业，顺利实现了企业交接班的计划。

第六，根据民营企业不同时期的特点适时转换工作重点，尤其注重企业理念层的建设。

7.2.2 提高企业内部管理水平

企业组织作为企业生命力的着力点，其自身结构的稳定、可控和动态的发展是提高自适应力的关键，也是提高企业生命力的关键。企业内部组织的结构从业务层到保障层再到理念层有逐级成熟的过程，也正说明了各级的发展是不一致的。随着企业的发展，理念层的建设显得尤为重要。下面就如何提高企业组织自适应力探讨几点具体的方法。

7.2.2.1 民营企业应加强企业组织理念层的建设

企业组织理念层包括企业文化、企业公司治理和安全与环保。

(1)完善公司治理。

第一，民营企业要尽快建立健全科学合理的用人机制，这是民营企业谋求发展的根本。随着民营企业的发展壮大，对高素质人才的需求将越来越多，这客观上迫使民营企业从外部招聘人才。

第二，民营企业要尽快建立起监督机制，这是保证民营企业科学决策、防止内部人控制、保护股东的根本措施。监事会应从企业外部引进一些具有专业知识的监事，以优化结构、提高人员素质，确保监事会的功能发挥。

第三，民营企业的管理层之所以能够尽职尽责努力工作，与其有效的激励机制密不可分。激励方案的丰富化和激励目标的明确化，充分调动了管理层的聪明才智，为企业创造出源源不断的价值。因此，民营企业要注重建立有效的激励机制，为激发企业员工建立制度保障。

第四，民营企业要建立科学合理的决策机制和引进了外部董事。独立董事的引进保证了董事会的独立性，遏止了家族对董事会的控制，确保了企业决策的科学性与合理性。因此，中国的民营企业要注重建立科学的决策机制，确保决策的科学性合理性。

(2)建立积极的、健康的企业文化。

第一，培育和提升富有特色的民营企业价值观。民营企业价值观的培育和提升，就是在对民营企业的过去和现在全面调研的基础上，对当前的企业精神价值观做出优劣评估，在有关专家的帮助和指导下，发动企业全体员工共同参与，对企业的精神价值观的基本要素进行一系列发掘和筛选，并进行提炼和加工，使之得到提升。

第二，深化以“人本管理”为核心内容的民营企业文化建设。民营企业员工是企业文化的创造者，同时又是企业文化的接受者和传播者。民营企业文化建设必须强化“以人为本”的意识，注重人性管理和“攻心为上”，通过一定形式和途径，加大对员工的“感情投入”。工资与奖惩固然是民营企业的一种必要的激励手段，但企业员工需要关心，需要得到更多的尊重，个人存在的价值需要进一步实现。民营企业领导人不要常以“老板”自居，而要以一种平常心善待员工，重视员工的思想情感以及合理要求，尊重他们的人格和权利，实施“人本管理”。只有这样，企业员工的工作责任感和对企业的忠诚度才会极大的提高，并心甘情愿地为企业努力工作。深化以“人本管理”为核心内容的民营企业文化建设还包括“打破民营企业家族管理，广纳天下贤才”。民营企业文化的本质是“以人为本”，而传统的家族企业大都没有做到这一点。民营企业不应该仅仅局限在家族内寻找经营管理人才，而必须开阔视野，让有能力的人来经营和管理民营企业，否则就会在残酷的市场竞争中处于劣势。

第三，全面推进民营企业文化体系构建。通过理念识别、行为识别、视觉识别三者的相互作用，推进民营企业经营管理、塑造企业形象。在理念识别上，应注重立意深刻并富有文化内涵，做到既能吸引业主和客户，又能体现企业精神。在行为识别上，加强职业培训，通过严格的规章制度和明确的职责规范员工的行为，使职工工作时有法可依、有章可循，企业办公、生产井然有序，每位员工都以良好的精神风貌和一流技术开展工作，创造一流的效益。通过行为识别，使客户对企业产生信赖、认同和偏爱的心理效应，从而达到提高企业知名度、最终占领和扩大市场的目的。在视觉识别上，将企业的名称、徽记等标志运用在办公产品、工作现场、宣传布置等场所和相关载体上并在颜色、模式、风格等方面达到高度的统一，此在企业形象上形成巨大的视觉冲击力，加深公众的印象。通过民营企业文化体系的构建，使民营企业文化得到全面提升。

第三，重视民营企业思想政治工作。在当前企业中，没有纯粹意义上的经济管理工作，也没有纯粹意义上的思想政治工作。推进民营企业快速发展，树立正确的价值观，调动员工积极性，进行生产经营管理、加强民营企业文化建设，都离不开思想政治工作。经济发展为社会现代化服务，而思想政治工作则为经济发展开辟道路。这是思想政治工作与经济管理工作的统一性表现，也是企业思想政治工作的出发点、落脚点和价值所在。

(3)树立安全环保意识，杜绝安全环保事故。

2014 年 8 月 2 日早上，昆山中荣金属制品有限公司工厂发生爆炸，当时共有 200 余人当班，死亡和失踪人员达 75 人(数据来源于国家安全生产监督管理总局官网)。该公司坐落于昆山经济技术开发区，创办于 1998 年，已有 10 多年的历史，主要从事铝合金表面处理，表面镀层有铜镍铬，对高低档的铝合金制品均可以进行电动加工，公司通过了相关的 ISO 认证和美国的 OEM 认证，厂房面积达到 5 万多平方米，职工有 500 多名，已经建成了 4 条现代化全自动电镀生产线。

昆山事故经媒体的广泛报道后，引起网民大范围转发和讨论，大家讨论的聚焦点在企业主的安全责任缺失、员工的安全意识淡薄、政府的安全监督不到位、企业的安全管理和教育的投入不够等。

从国家安全生产监督管理总局公布的 2014 年前三季度的发生重大生产安全事故(特别重大事故，是指造成 30 人以上死亡，或者 100 人以上重伤或者 1 亿元以上直接经济损失的事故；重大事故，是指造成 10 人以上 30 人以下死亡，或者 50 人以上 100 人以下重伤，或者 5000 万元以上 1 亿元以下直接经济损失的事故)责任企业(单位)名单中，还可以看到湖南长沙乐乐旺幼儿园死伤和失踪人员 11 人，浙江台州大东鞋业有限公司死亡和失踪人员 16 人，福安达物流有限公司死亡和失踪人员 40 人等，前三季度因安全生产死亡和失踪人数累计达 532 人。

上面的统计数据仅说明了重特大安全事故，一般企业的工伤事故虽然在国家层面没有统计，但是从企业实际来看，某企业 2010 年涉及赔偿的工伤达到 76 起(龚德华，2013)，企业工伤的实际数据是惊人的。无论事故的大小，给社会、企业和员工带来的损失都是巨大的，所以无论大小企业、也无论什么性质的企业，都必须重视安全和环保。

在大型国企,安全环保方面相对做得比较到位,民营企业因为意识的问题、投入的问题等,在安全环保方面做得还很不如意,就民营企业如何做好安全环保工作,本文提出以下4点对策。

第一,从思想高度认识安全环保的重要性,安全环保关系企业的生死存亡,也关系到员工的生活质量。只有企业全体员工深刻认识到安全环保对企业生存和发展的重要性,在生产生活中时刻注意不安全环保的设备、不安全环保的行为,才能避免安全环保事故的发生。

第二,建立健全安全环保机构。安全环保机构是实施安全环保管理的组织保证。安全环保机构的主要职责是制定企业安全环保管理制度并督促落实、组织安全环保检查、组织各级员工的安全环保培训、对事故隐患的督促解决、事故的善后处理和责任认定等。各级管理组织的"一把手"要抓安全环保管理,各级组织要有安全员负责处理安全环保相关事宜,员工要有安全环保行为标准。各级安全环保机构的职责按照制度落地、标准落地的原则,通过图板或图卡的形式让每位员工熟知自身的职责、岗位安全操作规程、作业过程的危险源、紧急状况下的处置方案等(郑瀚,2014)。

第三,安全环保管理工作日常化。多数企业的安全环保工作往往会在安全环保事故后亡羊补牢或者应付上面检查做一阵子,这样安全环保的很多工作得不到落实。安全环保的主要工作是防患于未然和培养广大员工的安全环保意识,常抓不懈方能有所收获,间断性的工作不利于安全环保意识的培养。

第四,建立事故应急响应机制。安全环保事故一旦发生,企业要有整套的安全环保应急机制,包括指挥、避免二次事故和事故恶化的措施、人员、车辆等一系列的应急和善后措施。为保证应急响应机制的有效性,企业还要定期或者不定期的举办各种演练和培训,通过演练,发现应急机制的不足,从而提高应急机制的有效性。

7.2.2.2 民营企业应完善保障层

企业保障层是企业功能结构中重要的功能层,其工作的好坏直接影响组织效率。

(1)优化企业的组织结构。组织结构是实现组织功能的保证。

(2)加强企业人力资源管理。从企业领导人到企业各级管理层都要树立正确的用人理念,以人为本,为人力资源的开发和管理配置相应资源,从而不断提高人力资源管理整体水平。

(3)民营企业要努力提高计划的有效性和决策的科学性。民营企业比较集中的股权结构和不可替代的创始人决定了民营企业的计划和决策功能的先天性不足。企业为避免这样的不足可以用制度来约束决策人的行为,用科学的方法来决策,比如可以实行所有权、经营权和决策权的分离(曾永江,2003)。

(4)加强财务与控制。第一,完善民营财务管理机制(遇兴嘉,2013)。因民营企业的各项财务管理制度还不够完善,所以,从产权制度、责任分配制度等方面加以创新,从而建立一套更为科学的管理机制。第二,切实提高民营企业财务管理人员的整体素质。要积极引入大量有能力的会计人员,增强他们的法律观念。在具体的工作当中,科学、合理的设定账簿,认真履行会计人员的职责。第三,扩宽融资途径。民营企业进行股份制改造,既可以优化企业产权的结构,又能够规范民营企业的经营行为,大大提高民营企业的经营与管理水平。第四,提高财务风险意识。民营企业还要积极开展多种形式的风险评估活动,切实提高风险评估的能力。

7.2.2.3 密切关注企业业务层的运行状态

企业业务层是企业与环境的接口，负责企业组织的原材料的组织和产品与服务的输出，业务层工作的好坏直接体现企业生命力的强弱。企业组织能以较低的成本对外提供产品和服务，企业的生命力表现就强，企业的状态量就走向扩张。否则，企业生命力表现就弱，企业的状态量就走向萎缩。

7.2.3 政府应为提高企业生命力提供支持性的外部环境

民营经济是民生经济、富民经济，不仅会解决就业问题，更会解决富民问题，是实现中国梦的重要推动力量。党的十八大报告提出，共同富裕是中国特色社会主义的根本原则。要使发展成果更多、更公平地惠及全体人民，就必须发展好民营经济，为民营经济培育更加肥沃的生存土壤。

第一，引导企业领导人的成长，为企业领导人的成长提供帮助。如果说一个企业的“短寿”和一个企业领导人素质不高是企业的事情，但企业群体的“短寿”以及领导人群体的素质不高就与政府有关系了，如何提升本地区企业领导人群体素质是各级政府要考虑的事情。比较可喜的是，各级各地政府已经意识到企业领导人素质问题的严重性，并以政府的名义开展各种活动，提升企业领导人的素质。比如，浙江省针对民营企业家素质的开发，政府组织学校和民营企业编写了中国首套民营企业家专业培训教材——《浙江民营企业家培训教材》，从民营企业家素质修炼、民营企业的生产运作、战略管理、创新活力与发展、人力资源管理、财务管理、企业文化、企业竞争等方面入手，为民营企业家的培训制订了详细的教学计划。这套教材是为提升本地企业领导人素质有极强的指导意义，各地也可以借鉴。但提升企业领导人群体的素质是一件长期的、多方位的事情，各级政府还需要持之以恒的开展各项工作。

第二，正确处理政府与市场的关系，该管的就管，不该管的坚决放权。党的十八大报告强调，要全面深化经济体制改革，并指出经济体制改革的核心问题是处理好政府和市场的关系，更加尊重市场规律，更好地发挥政府的作用。因此，建议政府简政放权，做到市场的归市场，政府的归政府，真正放手让劳动、知识、技术、管理、资本释放巨大的发展潜能。以提高政府服务效能为出发点，把服务重点放在营造环境和提供公共服务上，进一步界定经济调节、市场监管和社会管理职能，灵活并适度运用宏观调控手段，更好地发挥市场配置资源的基础性作用，构建机会公平、权利公平、规则公平的市场竞争机制，努力形成各种所有制经济依法平等使用生产要素、公平参与市场竞争、同等受到法律保护的新格局。政府要从具体微观经济活动中解脱出来，集中解决经济社会中重大的矛盾和问题，在资本、土地、矿产等方面给予市场更多的话语权，真正让政府“看得见的手”与市场“看不见的手”各尽所能、相得益彰。

第三，进一步加快金融体制改革步伐，解决民营企业融资难的问题。当前，我国金融体制的改革步伐仍与实体经济发展需求存在较大差距，突出表现在金融服务的惠及面与量大面广的小微企业需求不相适应，融资难、融资贵等问题一直未能得到有效解决。党的十八大报告指出，要健全现代市场体系，加快改革财税体制，深化金融体制改革，完善金融监管，推进金融创新，维护金融稳定。这为进一步深化我国金融体制改革指明了方向、确定了基调。因此，建议进一步建立和完善小微企业融资服务体系，建立一套与小微企业特点相适应的金融服务制度和法律政策扶持体系，鼓励国有商业银行将更多资源向中小企业倾斜。以十八大报告为契机，适当放宽民间资本参与金融组织的准入限制，简化审批程序，鼓励民间资本积极投资于村镇银行、社区银行、小额贷款公司、融资租赁公司等专门为小微企业服务的金融机构；逐步降低民间资本跨区域经营贷款业务的限制，促进金融资源按照市场导向合理布局，均衡县域间金融服务能力和水平；启动民营银行试点，按照“开放准入、严格监管、试点先行、有序推进”的总体思路，选择民间资本发达的地区启动民营银行试点。尽快建立相关制度和机制，让民营银行进入市场后有法可依、有法必依、执法必严、违法必究，保证金融市场健康有序发展；大力扶持小额贷款公司健康发展，逐步适度提高小额贷款公司注册资本金上限和融资杠杆率，不断提高小型金融机构覆盖率和融资服务覆盖率，充分发挥民间资本在小微企业融资中的重要作用。

第四，为民营企业发展提供技术环境，增强民营企业自主创新能力。当前，我国民营企业整体自主创新能力偏弱、创新意识不足，具备创新能力的企业较少，掌握关键核心技术、拥有自主知识产权并能进行新产品开发的企业更少。同时，制约自主创新的因素较为突出，特别是体制、机制、技术、人才、融资等方面的支持政策尚不完善。要深入贯彻落实十八大精神，实施创新驱动发展战略，把科技创新作为提高社会生产力和综合国力的战略支撑并摆在国家发展全局的核心位置推动，科技与经济紧密结合，着力构建以企业为主体、市场为导向、产学研相结合的技术创新体系，注重发挥企业家才能，加快技术创新。加大资金、技术和政策扶持力度，鼓励、支持有条件的企业自建或者与高校科研院所共建企业技术中心，并适当给予政策性资助引导；企业成为技术创新和科技产业化的投入主体，鼓励企业大幅度增加技术研究与开发投入。注重发挥财税杠杆作用，进一步完善财政资助、贴息和税收减免政策，如出台企业研发费用提前扣除、将购进技术专利等无形资产纳入增值税进项税额抵扣范围、对技术转让所得免征所得税等具体政策。加强对科技型中小企业的金融服务，加大政府基金、贴息、担保等的扶持力度，引导金融机构与企业建立长期稳定的银企关系，促进科技成果转化和产业化。建立风险投资机制和融资担保体系，形成多层次、多元化、高效率的投融资渠道。完善技术创新平台和服务体系，建立健全具备公共研发、技术服务、科技信息咨询、投融资、知识产权和技术项目孵化等功能的创新服务平台。大力发展技术服务中介组织，培育技术交易市场，形成跨区域的技术产权交易网络，推动技术成果转化为现实生产力。

第五，进一步加大“民间投资 36 条”实施细则贯彻落实的力度，不断扩大民间投资的比重。近年来，陆续出台的“非公经济 36 条”“中小企业 29 条”和“民间投资 36 条”，有力促进了民营经济的发展。但政策的贯彻落实不尽如人意。因此，建议政府有关部门围绕实施细则进行深入调研，切实查找实施过程中出现的新情况、新问题，在针对性和可操作性上下功夫；抓紧在市政、能源、电信、铁路、金融等领域推出一批民间资本能够参与建设的具体项目形成，一批成功案例并进行推广；下决心破除垄断，切实放宽市场准入条件，率先在“玻璃门”及“弹簧门”反映比较普遍的领域真正引入民间资本，有效破除阻碍民间投资的体制性障碍，增强民间投资意愿、扩大民间投资比重。

第六，切实营造良好的法治环境，为民营企业的发展保驾护航。在一些与民营企业发展有关的行业性、地方性政策法规制定过程中，民营企业特别是广大小微企业往往由于表达意见的渠道不畅，不能及时反映自己的意愿诉求，缺少话语权，使他们在政策出台伊始就“被不公平”。而在执法过程中，选择性执法、滥用自由裁量权等现象也屡见不鲜，伤害了中小企业的积极性。当前，民营企业家最强烈的期望，是把党的十八大精神特别是关于深化改革开放和非公有制经济发展的重大决策部署落到实处，真正营造各种所有制经济依法平等使用生产要素、公平参与市场竞争、同等受到法律保护的市场环境。因此，要促进民营企业发展，就要进一步优化发展环境，在政策上给予公平、在法律上给予保护、在舆论上给予鼓励，营造良好的市场环境、政策环境、法制环境和社会环境，引导、扶持民营企业健康发展。因此，要进一步规范执法行为，加强对选择性执法、滥用自由裁量权等不当行政行为的监督和处置，完善行政复议、行政诉讼等救济途径，做到严格、规范、公正、文明执法。要充分考虑企业职工就业及社会稳定因素，保障涉案民营企业及其出资人的正当权益慎重，使用强制措施，维护企业正常的生产经营秩序。加强企业法律维权服务，依法维护民营企业及其出资人的合法权益。

7.3 重视企业系统的幂律行为特点，防范企业成长的大起大落

企业组织运行的幂律行为原理揭示出，企业的各子功能模块发展不均衡或者突发的事件会造成企业子功能模块的“踩踏”行为，对企业造成不可挽回的损失。为防范可能的风险，本文提出以下举措。

7.3.1 民营企业必须强化风险管理意识，从思想上高度重视

民营企业要避免幂律行为带来的负面影响，就必须首先强化危机风险管理意识，做好风险管理的基础工作(许晓明、高健，2003)。

第一，强化风险意识。民营企业应把握以下几点：高层领导积极要参与和推动强化风险意识的活动；全员参与，覆盖面尽可能广，甚至可以包括企业外部人士；宣传手段多样化，既可以通过演讲、安全生产教育等方法，也可以通过图片展览和视频等手段来进行；风险意识宣传要持之以恒。

第二，组建风险管理小组。要提高民营企业的风险管理水平，应该落实专人，组建专门负责风险管理的小组。考虑到风险并不是企业的常态，风险管理小组可以介于常设机构和临时性机构之间，或者说既包括常设机构也包括临时性机构。常设机构的主要任务是负责风险监测、相关信息资料加工处理等辅助性工作；临时性机构的主要任务是风险管理决策的制定和实施。

第三，建立风险应急反映机制。设立一个专业的风险应急反映机制，对于高效处理风险工作非常重要。

7.3.2 民营企业应强化风险管理过程，优化风险管理流程

强化风险管理过程，优化风险管理流程建立一套科学系统的风险管理流程，并严格按照流程采用可行的方法，对风险进行有计划、有组织管理的活动，是有效防范和化解企业风险的关键(曾武成，2013)。

国内外很多大企业已经积累了一套比较系统科学的风险管理流程与方法，民营企业可以借鉴这些好的做法和经验，结合自身情况，采用适合自己的科学系统的风险管理流程和方法。

一般来说，风险管理流程包括风险识别、风险评估、风险预警和风险处置四个程序，其中风险评估阶段结束后即可进入风险处置阶段，也可在风险预警阶段结束后再进入风险处置阶段，企业应视具体情况适时采用不同的方案。常用的风险识别方法有生产流程分析法、财务表格分析法、保险调查法；风险评估一般采用定量分析和定性相结合的方法；而针对风险的不同类型和不同危害，风险处置主要包括风险规避、风险降低与控制、风险转移、风险保留、风险组合等。民营企业在风险处置前，必须综合考虑潜在损失的规模和严重性、损失发生的概率、可用于弥补损失的资源等若干因素，从而采取有针对性的策略。

7.3.3 培育企业生命力，增强抵御风险的能力

企业生命力是企业生存与发展的序参量，也就是说，企业生命力是企业持续发展的基础，对于民营企业的发展有着决定意义。目前，我国中小民营企业生命力比较薄弱，主要表现在：①企业领导人的素质还不是很高、员工素质偏低、专业技术人员所占比例小；②财务管理和控制手段、融资渠道比较单一；③计划与决策机制还没有健全，决策的有效性不高；④科研开发投入较少，企业技术创新能力相对较差；⑤产品还比较单一；⑥缺乏特色的企业文化；⑦安全环保意识不够等。因此，为了增强企业整体抗风险能力，民营企业要立足于提高企业生命力，加大企业在各方面的投入，从一点一滴做起，重视管理、技术、人才、资本、文化等关键要素的优化，努力培育自己的强劲的生命力。

本章小结：本章首先通过对国际国内的经济形势分析，得出民营企业未来还有广阔的发展空间；其次，从影响民营企业生命力的三大要素入手，分析了提高民营企业领导人素质的策略、提高企业组织内部管理水平的方法以及政府应为企业发展创造有利环境的途径；最后，从对企业运行幂律行为规律的分析，提出了企业风险防控的方法。

8 研究结论与展望

本章是全书的总结，首先总结本研究的主要结论，然后根据本研究的现有进展，提出与分析了研究的局限性，以及未来的研究展望。

8.1 研究结论

本书通过文献研究、理论推导与实证分析，所得结论可归纳为以下几点。

(1)基于自组织理论，本书设计了企业与环境关系的企业领导人-斜坡-球体模型和企业组织的分层结构球体模型。

(2)提出了企业生命力视角下的企业成长模型。企业生命力是企业成长的序参量，企业生命力是企业成长的推动力。通过分析得出了企业发展的状态量与企业生命力的函数关系。

(3)不同发展时期，影响企业成长的主要因素是不一样的。本书分析了不同时期影响企业成长的主要因素，并通过层次分析法确立了不同时期 3 个大类 26 个小类影响因素的权重。

(4)同一因素在企业发展的不同时期的重要性是不同的。本书分析了企业 3 个大类 26 个小类的影响因素在不同时期对企业成长的影响。

(5)本书得出了企业在不同时期的企业生命力的评价计算公式，继而提出了企业名义生命力指数和实际生命力指数的概念，以及行业状态量系数和幂律系数的概念。

(6)同时运用本书模型分析了民营企业“短寿”和“猝死”的主要原因。

8.2 研究的后续展望

本书通过分析研究，得出了比较有意义的结论，但仍有些不足。

(1)客观地讲，影响企业成长的因素是没办法完全统计的，不同行业、不同企业、不同时期、不同地域的企业都有各自的、不同的特点，所以，本书所列出的 3 个大类 26 个小类可能没有覆盖所有企业的全部影响因素。今后可以在本书研究结论的基础上就不同行业、不同地域的企业做深入的研究。

(2)层次分析法和对企业的模糊判断法本身含有主观的成分，所以，本书这些分析法所得出的结论可能与实际有偏差。今后可以尝试用更好的方法来评价企业生命力。

(3)本书提出了企业运行的幂律行为特点，但对引起企业幂律行为的企业子系统之间的相互作用没有做具体的研究和分析。现在已经有专家学者在研究这一课题，随着这一课题的展开，可能揭示企业看似随机突变现象背后的规律。

主要参考文献

艾比江,马跃月.企业生命力指标体系的仿生推论[J].价值工程,2013,10.
曹洋,陈士俊.协同学理论视角下的民营科技企业成长机制研究[J].科学学研究,2006(3).
常绍舜.从经典系统论到现代系统论[J].系统科学学报,2011(3).
陈佳贵.关于企业生命周期与企业蜕变的探讨[J].中国工业经济,1995,11.
陈晓红,张亚博.中小企业外部环境比较研究[J].中国软科学,2008,7.
陈亚荣.中小企业生存与发展的系统分析控制研究[D].上海:东华大学,2005.
崔祯珍.基于商业生态系统的企业生命力及其战略研究[D].济南:山东大学,2009.
邓荣霖.中小企业制度与市场经济[M].北京:人民大学出版社,1999.
刁兆峰.企业持续成长的机制与评价研究[D].武汉:华中科技大学,2003.
范明,汤学俊.企业可持续成长的自组织研究[J].管理世界,2004.
范如国,黄本笑.企业制度系统的复杂性、混沌与分形[J].科研管理,2002,4.
范秀成,英格玛·比约克曼.外商投资企业人力资源管理与绩效关系研究[J].管理科学学报,2003,2.
方舟.关于企业生命力评估的指标体系设计[J].嘉兴学院学报,2002.
龚德华.通过安全管理降低工伤事故的案例分析[J].管理学家,2013,11.
龚德华.中小民营企业短寿的原因分析[J].当代经济,2006,11.
关健,侯赞,等.外部环境对我国中小企业成长的影响[J].科技进步与对策,2009,10.
郭骁,夏洪胜.企业代际路径可持续发展的演进机理——基于自组织理论的分析[J].中国工业经济,2007(5).
韩福荣,徐艳梅.企业仿生学[M].企业管理出版社,2002.
韩顺平,王永贵.市场营销能力及其绩效影响研究[J].管理世界,2006(6).
韩太祥.企业成长理论综述[J].经济学动态,2002,5.
后藤俊夫.企业的生命力[J].山东行政学院学报,2007.
胡世昭.中国中小企业"短寿"原因[J].管理科学,2009,4.
皇民,王挺,等.耗散结构理论与企业的发展[J].管理科学文摘,2004,7.
惠金礼.我国民营中小企业短寿的原因与对策[J].商场现代化,2005,3.
贾晶晶.企业生命力分析与评价研究[D].青岛:中国海洋大学,2010.
科斯.论经济学和经济学家[M].上海:上海世纪出版集团,2010.
孔昭君.企业生产技术水平评价初探[J].科学研究.1991(1).
旷锦云.企业生命力探索[M].北京:社会科学文献出版社,2012.
乐佳慧.浅析企业财务风险成因及防范——以日本八佰伴为例[J].中国证券期货,2012,5,25.
李柏洲,刘建波.企业进化系统的序参量探讨[J].管理世界,2005,9.
李柏洲,刘拓.我国中小型高科技企业成长环境评价研究[J].科技进步与对策,2006,6.
李柏洲.企业发展动力研究[D].哈尔滨:哈尔滨工程大学,2003.
李柏洲.企业发展与企业动力的相互关系[J].政策与管理,2002,12.
李军波,等.企业成长理论研究综述[J].湘潭大学学报(哲学社会科学版),2011,11.
李林,王恒山.企业外部环境评价与诊断的模糊层次分析[J].上海理工大学学报,2001(23).

李瑞雪,唐海滨.中小企业破产原因及识别[J].黑龙江对外经贸,2008,12.

李维安.现代企业活力理论与评价[M].北京:中国财政经济出版社,2002.

李悦,孙彤.企业家素质研究[J].当代财经,2000,1.

刘建波,李柏洲.企业进化系统的序参量探讨[J].中国科技论坛,2005(4).

刘建波.基于自组织理论的企业进化机制研究[D].哈尔滨:哈尔滨工业大学,2005.

刘兴国.企业耗散结构模型分析[J].工业工程与管理.2001(3).

刘志雄,张其仔.企业文化对上市公司绩效的影响[J].财经问题研究, 2009,2.

卢毅,彭燕.基于企业生命周期理论的企业家素质SVM评价方法[J].科学学与科学技术管理,2006,4.

吕惠明.民营企业的特点及管理创新探讨[J].商场现代化,2007,4.

吕一博.中小企业成长的影响因素研究[D].大连:大连理工大学,2007.

马克思.资本论(第1卷)[M].北京:人民出版社,1976.

马小援.基于可持续发展视角的企业环境分析与评价研究[D].武汉:武汉大学,2010.

苗锡哲,朱玉凯.生活电器上市公司排行榜[J].销售与市场,2010,5.

潘慧.中国企业家心理与企业发展——以广西柳州市为例的研究[D].上海:华东师范大学,2007,7.

全怀周.企业生命周期的系统管理理论研究[D].天津:天津大学,2003.

任佩瑜.论管理效率中再造组织的战略决策[J].经济体制改革,1998(3).

佘育丹,朱冬和.基于层次分析法的企业生命力指数研究[J].科学论坛,2014.

石春生,梁洪松.组织创新的渐变与突变[J].企业管理,2006,1.

史修松.基于耗散结构理论的组织演化分析[J].现代管理科学,2006(6).

苏启林.破坏性技术、组织创新与产业成长预测[J].中国工业经济,2006,11.

孙兵.企业知识共享实施效果的力学模型思考[J].科技情报开发与经济,2010.

万伦来.企业生态位及其评价方法研究[J].中国软科学,2004.

王英.企业发展的模式与优化[J].管理工程学报,1996,3.

王英姿,张娜.协同学视角下中小型科技企业的内生成长动力研究[J].商场现代化,2009(5).

王勇.IT企业成长的关键影响因素的实证研究[D].北京:清华大学,2008.

魏宏森.钱学森对系统论的创新——系统科学通向马克思主义哲学的桥梁[J].辽东学院学报(社会科学版),2010(3).

邬爱其,贾生华,曲波.企业持续成长理论综述[J].外国经济与管理, 2003,5.

吴冰.从巨人危机看我国民营企业的特点[J].企业管理,1998,7.

吴京徽.民营上市公司股权集中度与综合业绩的实证研究[D].广州:广东外语外贸大学,2007.

吴诣民,张焕民,等.我国企业综合实力评价方法研究[J].统计与信息论坛,2003.

吴云贝.温州民营企业文化建设的理性对[J].经济师,2006(1).

徐丽娜.中小企业生命力要素实证分析[D].大连:大连工业大学,2010.

徐亮,陶乐,等.企业生命力评价指标体系探讨[J].商业文化,2010.

徐艳梅,顾立刚.对企业商业年龄模型的评析与修正[J].中国经济评论,2003.

徐艳梅,刘龙,等.企业商业年龄模型的改进研究[J].中国管理科学,2011.

徐忠伟.中国民营企业可持续成长影响因素的实证研究[D].上海:复旦大学,2005.

许晓明,高健.民营企业猝死现象及其防范——兼析全程危机管理在民营企业中的应用[J].经济理论与经济管理,2003,6.

许正良,王利政.企业持续营销能力与企业绩效关系的研究[J].吉林大学社会科学学报,2007(5).

闫永海.企业可持续发展的财务战略[J].技术经济,2003,1.

杨开元,费文美.企业生命力的"力"的视角阐释[J].现代企业,2007.

杨林岩,等.企业成长理论综述——基于成长动因的观点[J].软科学,2010,7.

杨文斌.基于动力学的企业成长研究[D].上海:复旦大学,2006.
杨小凯,黄有光(澳).专业化与经济组织:一种新兴古典微观经济学框架[M].北京:经济科学出版社,2000.
杨小凯.企业理论的新发展[J].经济研究,1994(4):60-66.
杨忠直.企业生态学引论[M].北京:科学出版社,2003.
姚禄仕.上市公司可持续发展——基于证券市场的数据[D].合肥:合肥工业大学,2009.
殷建平.大企业持续发展[M].上海:上海财经大学出版社,1999.
尹继东.中国企业家的特点与成长方向[J].南昌大学学报(人社版),1999,9.
于德英.用另一只眼睛看多元系统论——多元系统论的形式主义分析[J].中国翻译,2004(5).
遇兴嘉.强化民营企业财务管理的对策研究[J].财会天地,2013,1.
曾武成.中小民营企业风险管理体系构建[J].财会通讯,2013,09.
曾永江.基于企业家能力的企业成长理论[M].成都:西南财经政法大学出版社,2009.
张凤海,侯铁珊,等.技术创新与中小企业生命力关系实证研究[J].科技进步与对策,2013.
张辅松.企业管理中的耗散结构[J].武汉理工大学学报,2003(4).
张立军,王瑛.企业活力的综合评价模型及应用[J].统计与信息论坛,2004.
张卫萍.上海民营企业家素质及其开发研究[D].上海:华东师范大学,2006.
张旭昆.制度演化的突变与渐进——兼论次序比速度更重要[J].制度经济学研究,2004,2.
张艳萍.基于耗散结构理论的企业进化识别及管理决策研究[D].天津:天津大学,2005.
张玉明,刘德胜.企业家素质与中小型科技企业成长能力的实证[J].科技管理研究,2009,9.
张源.企业系统管理模式的发展与优化[J].系统工程,2005,3.
章丽厚.中国民营企业可持续发展的实证研究[D].南京:南京航空航天大学,2009.
赵国杰.企业活力定量分析初探[J].数量经济技术经济研究,1992,2.
赵敏,李湛,等.科技创业企业成长混沌模型[J].上海交通大学学报,2007(7):1150-1153.
郑瀚.企业安全管理现状与岗位达标刍议[J].重庆与世界,2014,8.
周涛.基于企业生命周期的企业家评价研究[D].青岛:山东科技大学,2007:40-47.
朱其忠,卞艺杰.企业发展过程中的分形与混沌现象[J].生产力研究,2009(11).
竹田茂生.基于类型化的企业生命力研究[J].关西国际大学研国际大学研究纪要,2010.
祝锦祥,戴昌钧.企业分层能力体系构建与作用研究[J].东华大学学报,2014,10.
"中国企业寿命测算方法及实证研究"课题组.企业寿命测度的理论和实践[J].统计研究,2008,4.
Abouzeedan A. Factors afecting the performance of sames and the survival index equation: A quantitative evaluation[D]. Unpublished Doctoral Disertation, Washington International University, King of Prusia, Prussia PA, USA, 2001.
Adam Smith. The wealth of nations[M]. Modern Library, 1994.
Adizes I. Organizational passages: Diagnosing and treating lifecyle problem of organizations[J]. Organizational Dynamics, 1979, 8(1).
Alchian A A. Uncertainty, evolution and economic theory[J]. Journal of Political Economy, 1950(58).
Alex Coad. Firms as bundles of discrete resources - towards an explanation of the exponential distribution of firm growth bates[J]. 2008, 55.
Alfred Dupon Chandler, Jr. The Visible Hand : The managerial revolution in american business[M]. Belknap Press, 1993.
Alfred Dupon Chandler, Jr. Scale and scope : The dynamics of industrial capitalism[M]. Harvard University Press, 1994
Alfred Dupon Chandler, Jr. Strategy and structure: Chapters in the history of the american industrial enterprise [M]. The MIT Press, 1969.

Andrew Leigh, Michael Maynard. Perfect leader[M]. Random House Business, 2003.

Arie De Geus. The living company[M]. Harvard Business Review Press, 2002.

A Hayek. The pretence of knowlodge[R]. Lecture to the Memory of Alfred Nobel, 1974.

Barabasi A L, Albert R. Emergence of scaling in random networks[J]. Science, 1999(286).

Barnard C. The fuctions of the executive[M]. Cambridge, MA: Harvard Press, 1938.

Barney J. Firm resources and sustained competitive advantage[J]. Journal of Management, 1991(1).

Beck T, Demirguc - Kunt A, Maksimovic V. Financial and legal constraints to growth: Does firm size matter? [J]. Journal of Finance, 2005, 60(1).

Berle Adolf, Gardiner Means. The modern corporation and private property[M]. New York, Chicago: Commerce Clearing House, Lnc., 1932.

C K Prahalad, Gary Hamel. The core competence of the corporation[J]. Harvard Business Review, 1990(66).

Cameron K S, Quinn R E. Diagnosing and changing organizational culture: based on the competing values framework[M]. New York: Addison - Wesley Publishing Company, 1998.

Coase R H. The Problem or Social[J]. Journal of Law and Economics, 1960, 3(10).

Coase R H. The nature of the firm[J]. Economica, 1937, 4.

Crepon B, Duguet E, Mairessec J. Research, innovation and productivity: An econometric analysis at the firm level[J]. Economics of Innovation And New Technology, 1998, 7(2).

Davidsson P, Wiklund J. Conceptual and empirical challenges in the study of firm growth[C]. In: Sexton D, Landstorm H(eds.), The Blackwell Handbook of Entrepreneurship, 2000.

Delmar F. Measuring considerations and empirical result[C]. In: Donckels R, Miettinen A (eds.), Entrepreneurship and SME Researeh: On its way to the Next Millennium, 1997.

Demsetz H. The theory of the firm revisited[J]. Journal of Law, Economics and Organization, 1988.

Dilip Kondepudi, Ilya Prigogine. Modern thermodynamics: From heat engines to dissipative structures[M]. Wiley, 1998.

Gareth R Jones, Jennifer M, Georg. Essentials of contemporary management[M]. McGraw Hill Higher Education, 2014.

Greiner, Larry E. Evolution and revolution as organizations Grow[J]. Harvard Business Review, 1972, 50.

Harold Demsetz. The economics of the business firm: Seven critical commentaries[M]. Cambridge University Press, 1996.

Herbert Alexander Simon. Administrative behavior[M]. Free Press, 1997.

Henderson R, Cockburn I. Measuring competence? Exploring firm effects in pharmaceutical research[J]. Strategic Management Journal, 1994(5).

Heshmati A. Investment and performance of firms: Correlation or causality[J]CESIS, Working Paper Series in Economics and Institutions of Innovation, 2006(72).

Humkerto Barreto. The entrepreneur in microeconomic theory[M]. London and New York: Routledge Press, 1989.

Huselid M A. The impact of human resource management practices on turnover, productivity and corporate financial performance[J]. Academy of Management Journal, 1995, 38(3).

H Knight. Risk, Uncertainty and profit[M]. New York: Haper & Row, 1921.

Jim Collins. Built to last: Successful habits of visionary companies[M]. Harper Collins Publishers, 2002.

John Gill. Factors affecting the survival and growth of small company[M]. Gower Publishing Company Ltd., 1985.

Kimberly J R, Miles R H. The organization life cycle[M]. London: Jossey Bass Publishers, 1981.

Kirzner. Competition and enterpreneurship[M]. Chicago University Press,1973.

Kirzner. Perception,opportunity and profit[M]. Chicago University Press,1979.

Kotter J P, Heskett J L. Corporate culture and performance[M]. Free Press,1992.

Ludwigvon Bertalanffy. General system theory[M]. George Braziller Inc. (Revised edition). 1968.

Luis Cabral,Sunk Costs. Firm size and firm growth[J]. The Journal of Industrial Economics,1995,43(2).

Marshall. Principles of economics[M]. London: Macmillan,1965.

McNeil Art. Containing chaos[M]. Canadian Business,1987.

Michael E Porter. Competitive strategy[M]. Free Press,2004.

Mises. Human action[D]. Yale University,1949.

Morck,Vishny,Sheifer. Management ownership and market valuation:An empirical analysis[J]. Journal of Financial Economics,1988,20.

Nelson Richard R,Winter Sidney G. Evolutionary theory of economic change[M]. Boston: Harvard University Press,1985.

Nelson R R. Recent evolutionary theorizing about economic change[J]. Journal of Economic Literature,1995,(33).

Nelson R R,Winter S. An evolutionary theory of economic change[M]. Cambridge: Harvard University Press,1982.

Nonaka Ikujiro. Creating organizational order out of chaos: Self - renewal in japanese firms[J]. California Management Review,1988 (3).

Penrose,Edith T. The theory of the growth of the firm[M]. Oxford:Basil Blackwell Publisher,1959.

Perry Pascarella. Management: Tom peters invites chaos for survival[J]. Industry Week,1987(2).

Peter F Drucker. Innovation and entrepreneurship[M]. Collins,1993.

Porter M E. How competitive forces shape strategy harvard business review[J]. 1979,57(2).

Prahalad C K,Hamel G. Core competence of the corporation[J]. Harvard Business Review,1990.

P Anderson, K J Arrow, D Pines. The economy as an evolving complex system[J]. Addison - Wesley,1988,(8).

Rene Thom. Structural stability and morphogenesis[M]. Westview Press,1975.

Robert C Higgines. Analysis for financial management[M]. McGraw Hill Higher Education,2012.

S Makino. Does country matter[J]. British Educational Research Journal. 2004,26(1).

Storey D J. Understanding the small business Sector[M]. London: Routledge,1994.

Watts D J,et al. Collective dynamics of "small word" networks[J]. Nature,1998(393).

Williamson O E. Transaction cost economics:The governance of contractual relations[J]. Journal of Law and Economics,1979(22).

William J Baumol. Entrepreneurship, management, and the structure of payoffs[M]. MIT Press,1994.

Winter S G. On coase, competence and corporation[J]. Journal of Law, Economic and Organizations,1988,(4).

Wright P M,Garden T M,Moynihan L M. The impact of HR practices on the performance of business units[J]. Human Resource Management Journal,2003,13(3).

附录1:企业生命力影响因素重要性调查(专家填写)

民营企业生命力影响因素重要性评价调查问卷

尊敬的女士/先生:

您好！这是关于企业生命力评价的一份调查问卷,目的是从企业角度,了解企业生命力在不同发展阶段的主要影响因素。

本问卷未涉及具体公司名称和填写者姓名,您的回答仅作学术研究,我们承诺对所有的资料严格保密。

非常感谢您的参与!

课题组主要成员:(教授、博导)
通信地址:华中科技大学管理学院企业评价所
电话:027—87556440 邮箱:627592345@qq.com

一、企业界管理人员填写(选项可用"√")

1. 公司所在地:(　　　　　)省(　　　　　)市

2. 公司创立的年份:(　　　　　)

3. 公司的员工数:(　　　　　),公司的资产规模:(　　　　　)万

4. 公司的性质:(1)国有独资企业 (2)国有控股股份制企业 (3)一般股份制企业 (4)股份合作制或集体企业 (5)民营企业 (6)中外合资企业 (7)外商独资企业 (8)其他

5. 您所在企业的主业属性是:(1)农、林、牧、渔业 (2)采掘业 (3)制造业 (4)电力、煤气及水的生产和供应业 (5)建筑业 (6)交通运输、仓储业 (7)信息技术业 (8)批发和零售贸易 (9)金融、保险业 (10)房地产业 (11)社会服务业 (12)传播与文化产业 (13)其他

6. 您的职位是:(1)总经理 (2)董事长 (3)总经理兼董事长 (4)副总经理 (5)中高层管理人员

7. 您的教育程度:(1)高中以下 (2)大专 (3)本科 (4)硕士 (5)博士

8. 我们的研究成果可以作为企业管理问题诊断的工具,您是否愿意我们团队来您企业做一次调查后,帮助企业了解哪些地方可以做得更好?(1)是 (2)否

二、学界企业管理专家填写

1. 您的职称:(1)教授或者研究员 (2)副教授或者副研究员 (3)讲师

2. 您的研究方向是:(　　　　　　　　)。

三、问卷调查内容

1. 总体影响因素:我们通过文献调研后,把企业从小到大的发展历程分为孕育期(先天性因素)、求生存期、高速发展期、成熟期、衰退期和蜕变期,不同时期影响企业生存和发展的因素是不同的,每项因素的影响程度也是有差异的。我们将影响企业生存和发展的因素分为企业领导人素质、企业内部的管理规范以及外部环境三个大的方面。

下面请您就您的理解,对企业不同发展时期影响因素的重要性程度打分,打分原则为:**每个时期三项得分总和为10分**;最重要的得分最高。比如孕育期三项因素的得分可以是7分、2分、1分。

	孕育期	求生存期	高速发展期	成熟期	衰退期	蜕变期
企业领导人素质						
企业内部管理规范						
企业外部环境						

2. 企业领导人素质对企业的影响:企业领导人的素质在企业不同发展时期对企业的影响是不同的,我们把企业领导人的素质和能力概括为10个方面:A. 生理素质(包括年龄、健康状况等);B. 心理素质(包括意志坚定、有较强的领导欲望、影响力、非常自信、逻辑思维清晰等);C. 职业操守素质(包括公正廉洁,富有敬业精神、工作作风民主勤奋、品德高尚、具有较强的贡献精神等);D. 行业胜任素质(包括从事本行业的时间、专业能力突出、务实、不好高骛远、注重过程的合理性、文化适应能力强、善于把握政策等);E. 创新能力(包括敢于并能够承担风险、善于独立思考、打破常规、敢想、敢试,不瞻前顾后、想象力丰富、对商机的敏锐洞察力,对政治、经济政策敏感度、信息来源丰富、信息的分析判断能力突出、革新能力等);F. 管理能力(包括计划能力、组织能力、人力资源整合能力、领导能力、控制能力等);G. 社会关系能力(包括与政府部门的关系、与非政府部门关系、同行业朋友交往、上下游单位的长期战略关系、沟通能力、为人大度、重信誉、讲诚信等);I. 战略能力(包括战略思维能力、战略规划能力、战略应变能力等);H. 学习能力(包括能通过多渠道获取知识的能力、总结经验能力、具有学习的意识等);J. 执行力(包括能亲自参与管理团队的挑选、制定企业的战略并引导企业的运营、建立执行文化并起示范作用、指令明确、落实细节、能够跟进落实过程、对过程进行控制等)。

请您就企业领导人素质各项要素的重要程度按10分制打分(0~10分),最重要的记9~10分,重要的记7~8分,一般重要的记5~6分,不太重要的记3~4分,不重要的记1~2分,没有关系的记0分,同等重要的得分相同。

	孕育期	求生存期	高速发展期	成熟期	衰退期	蜕变期
生理素质						
心理素质						
职业操守素质						
行业胜任素质						
创新能力						
管理能力						
关系能力						
战略能力						
学习能力						
执行能力						

3. 企业内部管理要素对企业的影响：企业内部管理要素在企业不同发展时期对企业的影响是不同的，我们把影响企业生存和发展的企业内部管理要素归纳为10个方面：A. 组织结构（包括企业组织结构与企业战略的匹配性、企业组织结构对其他环境因素的适应性、企业组织结构的自我变革和创新能力、激励机制等）；B. 生产与技术（包括投入产出状况、生产工艺、设备先进性、技术的行业地位、固定资产的使用率等）；C. 人力资源（包括管理团队的配合状况、企业员工的构成情况、岗位结构的合意度、员工流动性 、接收培训的时间、收入对员工的激励作用、部门人员需求满足度、绩效考核等）；D. 市场营销（包括市场战略、客户关系的稳定性、企业获取信息的途径、企业的营销文化、企业的营销学习能力、企业的营销运作能力等）；E. 研究与开发（包括研究与开发规划匹配企业发展战略的程度、研究与开发人员的素质与努力程度、研究与开发成果的水平、研究与开发部门的学习能力与成长性等）；F. 企业文化（包括集体观念和团队支持、目标绩效和锐意进取、创新观念和冒险精神、层级规范和有效执行、价值认同度、行动一致性等）；G. 公司治理（包括产权结构、权利分配等）；H. 计划与决策（包括目标管理、计划的有效性、决策机制、决策有效性及效率等）；I. 安全与环保（包括相应的管理机构、制度、培训等）；J. 财务及控制（包括财务预算管理、资金管理、资产管理、核算管理、资本运营管理、风险管理及控制等）。

下面请您就企业内部管理因素在不同时期的重要程度按10分制打分（0～10分），最重要的记9～10分，重要的记7～8分，一般重要的记5～6分，不太重要的记3～4分，不重要的记1～2分，没有关系记0分，同等重要得分相同。

	孕育期	求生存期	高速发展期	成熟期	衰退期	蜕变期
组织结构						
生产与技术						
人力资源						
市场营销						
研究与开发						
企业文化						
公司治理结构						
计划与决策						
安全与环保						
财务及控制						

4. 企业外部环境要素对企业的影响：企业的外部环境因素对企业不同发展时期的影响程度是不同的，我们把影响企业生产与发展的企业外部环境要素归纳为 6 个方面：A. 经济环境（包括市场环境、客户关系、合作伙伴、行业竞争、金融机构、经济周期、中介机构等）；B. 政治环境（包括政府环境、法律环境、政策环境、政治事件等）；C. 技术环境：（包括技术转移和扩散、主要产品技术含量、技术更新速度、技术可获性等）；D. 社会环境（包括社会价值观、社会舆论、社区关系）；E. 人才环境（包括人才的易得性、人才市场的发育程度等）；F. 自然环境（包括地理位置、自然资源、能源、自然条件、基础设施、环境保护、自然灾害等）。

下面请您就外部环境要素对企业不同发展时期影响程度按 10 分制打分（0～10 分），最重要的记 9～10 分，重要的记 7～8 分，一般重要的记 5～6 分，不太重要的记 3～4 分，不重要的记 1～2 分，没有关系记 0 分，同等重要得分相同。

	孕育期	求生存期	高速发展期	成熟期	衰退期	蜕变期
经济环境						
政治环境						
技术环境						
社会环境						
人才环境						
自然环境						

对您的参与，再次表示感谢！

华中科技大学管理学院

企业生命力研究与评价小组

2014 年 2 月

附录2:样本企业调查问卷(企业高管填写)

企业生命力评价调查问卷

尊敬的女士/先生:

您好!这是关于您所在企业生命力评价的一份调查问卷,目的是从企业管理角度,了解您所在企业生命力的发展情况,从而发现企业现阶段还可能存在的一些问题,方便企业改进并更上一层楼。

本问卷涉及企业的数据,仅作学术研究使用,我们承诺对外严格保密,可以匿名,请您真实填写。如果本企业需要,我们可以将研究结果回复给企业高层管理人员。

非常感谢您的参与!

课题组主要成员:
通信地址:华中科技大学管理学院企业评价所
电话:027—87556440 邮箱:627592345@qq.com

一、企业基本资料(请分管行政副总或者行政经理填写)(选项填入后面的括号内)

1. 公司所在地:(　　　　)省(　　　　)市

2. 公司创立的年份:(　　　　)

3. 公司的员工数:(　　　　),公司的资产规模:(　　　　)万

4. 公司的性质:(　　　　)

(1)国有独资企业 (2)国有控股股份制企业 (3)一般股份制企业 (4)股份合作制或集体企业 (5)民营企业 (6)中外合资企业 (7)外商独资企业 (8)其他

5. 您所在企业的主业属性是:(　　　　)

(1)农、林、牧、渔业 (2)采掘业 (3)制造业 (4)电力、煤气及水的生产和供应业 (5)建筑业 (6)交通运输、仓储业 (7)信息技术业 (8)批发和零售贸易 (9)金融、保险业 (10)房地产业 (11)社会服务业 (12)传播与文化产业 (13)其他

6. 我们把企业从小到大的发展历程分为孕育期、求生存期、高速发展期、成熟期、衰退期和蜕变期,您认为贵企业现处于的时期为

二、企业最近3年(期)经营情况调查(请财务副总或者财务经理填写)

	去年	前年	前前年	备注
销售增长率				成立时间不长的企业可以季度或者月度为单位统计 成立时间3年以上的公司以年度为单位统计
净资产增长率				
税后利润增长率				
资本收益率				
资产负债率				
存货周转率				

三、总体影响因素评价(每位高层管理人员分别填写,每个企业至少3人填写)

我们通过文献调研后,将影响企业生存和发展的因素分为企业领导人素质、企业内部的管理规范以及外部环境三个大的方面。

1. 下面请您就您的理解,根据您所在企业的实际情况,就以下三项对企业目前的发展是促进或者阻碍作用打分,促进作用为正分,分值越高说明促进作用越大,阻碍作用为负分,每项总分按10分制。(比如,某企业领导人的素质在您看来很高,可以给企业领导人素质打7分、8分或者更高的分;企业内部管理在您看来非常规范,我们可以打比较高的分;而企业面临的总体环境不好,可以打负的分值)

	企业领导人素质	企业内部管理规范	企业外部环境
得分			

2. 按您的理解,目前企业发展的情况是(答案上打"√"):
(1)很好　(2)好　(3)较好　(4)一般　(5)较差　(6)差　(7)很差

四、企业领导人素质评价(高层管理人员分别填写,每个企业至少3人填写)

我们把企业领导人的素质和能力概括10个方面:A.生理素质(包括年龄、健康状况等);B.心理素质(包括意志坚定、有较强的领导欲望、影响力、非常自信、逻辑思维清晰等);C.职业操守素质(包括公正廉洁,富有敬业精神、工作作风民主勤奋、品德高尚、具有较强的贡献精神等);D.行业胜任素质(包括从事本行业的时间、专业能力突出、务实、不好高骛远、注重过程的合理性、文化适应能力强、善于把握政策等)；E. 创新能力(包括敢于并能够承担风险、善于独立思考、打破常规、敢想、敢试，不瞻前顾后、想象力丰富、对商机的敏锐洞察力，对政治、经济政策敏感度、信息来源丰富、信息的分析判断能力突出、革新能力等)；F. 管理能力(包括计划能力、组织能力、人力资源整合能力、领导能力、控制能力等)；G. 社会关系能力(包括与政府部门的关系、与非政府部门关系、同行业朋友交往、上下游单位的长期战略关系、沟通能力、为人大度、重信誉、讲诚信等)；I. 战略能力(包括战略思维能力、战略规划能力、战略应变能力等)；H. 学习能力(包括能通过多渠道获取知识的能力、总结经验能力、具有学习的意识等)；J. 执行力(包括能亲自参与管理团队的挑选、制定企业的战略并引导企业的运营、建立执行文化并起示范作用、指令明确、落实细节、能够跟进落实过程、对过程进行控制等)。

请您就本企业领导人素质各项要素做如实评价(在合适的空格中打"√")。

	很好	好	较好	一般	较差	差	很差
生理素质							
心理素质							
职业操守素质							
行业胜任素质							
创新能力							
管理能力							
关系能力							
战略能力							
学习能力							
执行能力							

五、企业内部管理要素评价(高层管理人员分别填写，每个企业至少3人填写)

企业内部管理要素在企业不同发展时期对企业的影响是不同的，我们把影响企业生存和发展的企业内部管理要素归纳为10个方面：A. 组织结构(包括企业组织结构与企业战略的匹配性、企业组织结构对其他环境因素的适应性、企业组织结构的自我变革和创新能力、激励机制等)；B. 生产与技术(包括投入产出状况、生产工艺、设备先进性、技术的行业地位、固定资产的使用率等)；C. 人力资源(包括管理团队的配合状况、企业员工的构成情况、岗位结构的合意度、员工流动性、接收培训的时间、收入对员工的激励作用、部门人员需求满足度、绩效考核等)；D. 市场营销(包括市场战略、客户关系的稳定性、企业获取信息的途径、企业的营销文化、企业的营销学习能力、企业的营销运作能力等)；E. 研究与开发(包括研究与开发规划匹配企业发展战略的程度、研究与开发人员的素质与努力程度、研究与开发成果的水平、研究与开发部门的学习能力与成长性等)；F. 企业文化(包括集体观念和团队支持、目标绩效和锐意进取、创新观念和冒险精神、层级规范和有效执行、价值认同度、行动一致性等)；G. 公司治理(包括产权结构、权利分配等)；H. 计划与决策(包括目标管理、计划的有效性、决策机制、决策有效性及效率等)；I. 安全与环保(包括相应的安全管理机构、制度、培训等，包括人身安全、财产安全、知识产权安全等)；J. 财务及控制(包括财务预算管理、资金管理、资产管理、核算管理、资本运营管理、风险管理及控制等)。

请您就本企业内部管理各项要素做如实评价(在合适的空格中打"√")。

	很好	好	较好	一般	较差	差	很差
组织结构							
生产与技术							
人力资源							
市场营销							
研究与开发							
企业文化							
公司治理结构							
计划与决策							
安全与环保							
财务及控制							

六、企业外部环境要素评价(每位高层管理人员分别填写，每个企业至少3人填写)

企业的外部环境因素对企业不同发展时期的影响程度是不同的，我们把影响企业生产与发展的企业外部环境要素归纳为6个方面：A. 经济环境(包括市场环境、客户关系、合作伙伴、行业竞争、金融机构、经济周期、中介机构等)；B. 政治环境(包括政府环境、法律环境、政策环境、政治事件等)；C. 技术环境：(包括技术转移和扩散、主要产品技术含量、技术更新速度、技术可获性等)；D. 社会环境(包括社会价值观、社会舆论、社区关系)；E. 人才环境(包括人才的易得性、人才市场的发育程度等)；F. 自然环境(包括地理位置、自然资源、能源、自然条件、基础设施、环境保护、自然灾害等)。

下面请您就外部环境各要素的情况进行评价(在合适的空格内打"√")。

	很好	好	较好	一般	较差	差	很差
经济环境							
政治环境							
技术环境							
社会环境							
人才环境							
自然环境							

问卷填完后请直接回复上面邮箱(627592345@qq.com),并注明企业名称。

对您的参与,再次表示感谢!

华中科技大学管理学院

企业生命力研究与评价小组

2014 年 4 月